大夏书系 | 全国中小学班主任培训用书

班主任
家校沟通的艺术

吴春来　李苏芳　主编

华东师范大学出版社
·上海·

编委会

主　编：吴春来　李苏芳

副主编：吴飞燕　徐雁晖　李素娟　谢海波　赵华峰　李亚平

编　委（排名不分先后）：

杨琴华	姜力强	王文丽	石妍娜	王　林	蒋淑玲	陈玛丽
曾洁芸	宋耀远	姜灵妍	唐宜琴	李雅琪	唐　蕾	李国生
文　惠	蒋冰芝	唐艳丽	黄华南	唐曙光	魏爱萍	刘小勇
唐晓荣	蒋元平	蒋佳新	李艳娟	尹珍利	蒋宗林	黄　莹
陈　晶	欧　艳	欧阳睿	董　川	付香成	胡娟芳	刘叶红
蒋　妮	彭胜军	周春勇	周泽黎	唐忠玉	胡欧娜	何　烜
周国良	张　婷	杨　柳	安浩然	孙　娟	常　伟	王　磊
吴四军	曾　旗	陈薇羽	陈玉洁			

自序

我曾多次在教师培训活动中讲过这样的话：当老师一定要当班主任，只有当了班主任才能更好地懂得什么是教育。

记起我在乡村学校当第一校长的一件往事。

那日上午我巡课。在初二教室门口，我看见右边末座一位微胖的小男孩，低着头，玩弄着什么；老师在讲台上，娴熟地点击着鼠标，一部分孩子望着幻灯片。

我走了进去。那男孩见了我，忽地停止了小动作，头很勉强地瞧着黑板。我把他叫到教室外，轻声地对他说："孩子，你为何上课不听讲呢？"他害羞地笑了一下，我摸着他的头说："以后要认真听课，要成为一个优秀的孩子，好吗？"他点了点头。看着他比较憨厚的脸，还有那小平头，心里一阵窃喜：孺子可教也。我示意他进教室，他开心地回到了座位上。

最后一节课，我临时安排上课，想针对上午巡课的情况，和学生聊聊语文。课堂上，我要求孩子们敢于开口说话以培养他们口语表达能力，便叫那小男孩站起来自我介绍，他礼貌地站了起来，但不开口，紧闭着嘴，低着头。这时一男生大声说："老师，他性格内向。"他不说，我也知道，因为性格内向的孩子，是很难在公众场合大胆发言的，于是我说："其实，这位孩子是非常有潜能的，往往优秀的人才是不轻易说话的，他懂得蓄能，那就先坐下。"他爽快地坐了下去。当孩子们在自由读书时，我来到他身旁悄悄问他为何不说话，他胆怯地用极低微的声音挤出两个字:"害怕。"我鼓励他:"不要害怕,一定要自信。"不过,他还是一副无奈与无助的表情。我当时猜测他家庭一定贫寒,父母应是老实的庄稼人。因为我有过类似的经历。

中午在食堂吃饭,他的班主任刘老师告诉我,小男孩的姐姐也是她的学生,但特能吃苦。他的父母重男轻女,只要他想做的事情,他父亲都会同意,而对他姐姐动辄大骂甚至拳打脚踢。一次,刘老师组织学生搞卫生,唯独他站在那里一动不动,后来一问才知道,他在家里从不干活的。

对他家里的具体情况我不甚了解,但听刘老师一说,我隐隐感觉到没有家庭的正确教育,再好的学校教育也是无力的。不过,经历这样的家庭教育的孩子一般我行我素,性格外向,而他却不一样,异常的内向。好的家庭教育会带给孩子阳光、乐观、开朗的性格,这样的孩子在校虽然也会顽皮,也会不听课,但在老师的教育下转变较快;而不好的家庭教育带给孩子更多的是阴暗的一面,若家长一味把全部希望寄托于学校,那就大错特错了。

在呼唤优质教育的同时,我们是否想过带给学校的是怎样的孩子?是否想过作为家长务必尽到怎样的职责?学校教育不是万能的,所谓"没有教不好的孩子,只有不会教的老师"不得不说是失之偏颇的。在此,我不是在推卸学校教育的责任,我坚决反对老师不负责的态度:把教育的失败全部归结于家庭。如果老师对这样的孩子,多点关注,多点耐心,方法再好点,结果会不会迥然不同?教育过程中,老师能起到他人无可替代的作用。从学校回来的路上,我一直思考:想改变孩子,应从改变老师开始,那可不可以试着改变家长呢?家校联盟,共同教育,会不会取得较好的效果?

由于学识、经历、工作等原因,家长的情况各式各样,要想与他们加强交流,共同教育好学生,哪里是那么容易的事情!

后来，我与"春来咏语"团队及教育部新时代名师工作室的老师们交流，听到了不少经验，看到了家校共育的成功做法。我要他们把真实的教育故事记录下来，在此基础上，我提炼出家校共育的一些有效技巧，以便于更多老师可学、可用。书稿历经两年的酝酿与打磨，个中滋味，读者阅后才能感知。我们本着对教育的一腔虔诚，从实践抵达思想，不做单纯的经验主义者，要做教育的反思者。教育是一种唤醒，一种感召，一种引领。班主任工作事无巨细，需要具有诗意的情怀，亦需要洞察力、协调力、组织力、判断力、执行力等诸多能力。家校沟通，我们一直在路上。

感谢李苏芳老师在主编此书时作出的重要贡献，更要感谢大夏书系编辑卢风保先生的信任，让一线教师的教育思考为更多读者所知道，让班主任工作在岁月的沉淀里越发诗意盎然，也让我们越发懂得教育的真正含义。

吴春来

2024 年 1 月 3 日

目录

第一辑　阳光可慕——让家长放下戒备

黑色看护，不如阳光可慕 / 3

迂回战术解难题 / 7

不妨请家长当助教 / 12

"爸爸课堂"，建设积极的班级家长舆论场 / 16

把课堂"搬"到家长面前 / 20

不妨做一次"导演" / 25

用事实说话 / 30

打开心结，了解在前 / 34

用镜头说话 / 38

给家长一次展示的机会 / 42

减少交流的敌意 / 46

让家长与孩子共读一本书 / 51

第二辑　归途有风——让家长看到希望

写一封家书 / 57

大自然是最好的课堂 / 62

让家长看到光 / 66

让家长看到未曾看到的 / 70

用"放大镜"代替"有色镜" / 74

树立家长榜样 / 77

不放弃就有希望 / 81

剖根溯源找症结，"号准脉向"用"良药" / 85

巧借朋友圈，化解尴尬事 / 89

不妨实现家长的教育期待 / 93

巧借"家长群"，化解"不平意" / 97

给家长一次赞美与肯定 / 100

第三辑　守得云开——让家长感受到关爱

创设活动，发现爱 / 107

班日记，让阳光照进来 / 112

倾听三部曲 / 116

少争对错，但行沟通 / 119

语言表达力就是"生产力" / 123

创设交流的情景 / 127

看到坏的那一面 / 131

让家长看到危害 / 135

善用"谎言"，播洒阳光 / 139

巧用家长交流会 / 142

把握好"请家长"的尺度 / 146

为焦虑开一扇窗，让教育更透明 / 151

细数孩子的好 / 155

第四辑　开往春天——与家长换位思考

换位思考 / 161

理解，是从信任中开出的鲜花 / 166

让家长讲自己的故事 / 170

现身说法，寓暖于冰 / 175

勇敢地去传达情感 / 180

角色互换，未来可期 / 184

置换身份，请君入瓮 / 189

让家长看到"师者父母心" / 193

巧搭台阶，跟踪助力 / 197

转移话题，化解矛盾 / 202

设身处地，有的放矢 / 206

共情：化解矛盾的一剂良方 / 210

巧用"游戏"里的智慧 / 214

PART 1

第一辑

阳光可慕——让家长放下戒备

让家长放下戒备,选择相信。正所谓黑色看护,不如阳光透明更可慕……

黑色看护，不如阳光可慕

李苏芳

已是9月，烈日炙烤着大地，暑气丝毫未降。教室外，空气里满是白日光翻烤水泥土和杂树叶的气息，走廊俨然一个熏蒸的氤笼。热浪奔腾的教室里人影重重，空调声，风扇声，老师声嘶力竭的讲课声，混杂着青春澎湃的热气，新学期就这样红红火火地走来了。

我在办公室里整理着学生花名册，欧阳老师抱着一大沓试卷冲了进来，嘴里嚷嚷着："不得了，真是受不了了，又来了，又来了……"

欧阳老师是我们班的物理老师，在大家的记忆里，欧阳老师温文尔雅，敦厚稳重，教出十余个清华北大的得意弟子，依然谦逊不傲。虽是临近退休的年纪，平素最是一丝不苟，冬天里一律是笔挺的西装，配上没有一丝褶皱的领带，夏天里穿着白得耀眼的衬衣。课堂上，欧阳老师一律是踱着不缓不急的步子，和着不紧不慢的节奏，说着不迂不回的话语，声音清亮铿锵。

此刻，欧阳老师冲了进来，汗水浸湿了他的白衬衣，全然没有了往日的从容儒雅。他用粘了粉笔灰的手拂了一下额前凌乱的头发，气喘吁吁地说："李老师，你赶紧去看看，理一班，又来了……又来了！"

我的天呐，那会是怎样一个恐怖的场景，把欧阳老师惊吓成这样？

我霍地站起来，一股子勇毅之气直冲脑门。我跑出办公室，看到教室外的走廊上，一个人站在那里，眼睛直直地盯着窗户。

又是他！看到他的身影，我立刻认出来了，这个人是理一班小墨的父亲。

已经是第四天了，他接连出现在教室外，站在同一个窗户旁，望着同一个方向。

想起第一次见到这个家长,是开学报到的那天。作为刚刚结束了一届高考教学任务的班主任,我像一个闯过枪林弹雨的叱咤风云的将军,拼尽全力带领学生在高考中大获全胜,以优异的带班成绩获得了吸引优生自主选择我继任班主任的权利。望着簇拥在办公桌前的家长和学生,我的心很是欣慰。

人群中,小墨的父亲挤了过来。他开口了,神色凝重:"你这样文文弱弱的女老师,我的儿子,你管不管得了他哦?他可是……"

可是什么?我不由得望着这个满脸油汗的家长,大热的天,他穿着一件洗得泛白的土黄色长T恤,衣袖又长又宽,他只好挽起来。当他说话时,手不停地挥动,松垮的衣袖不停地往下掉,他只得不停地挽衣袖。我突然觉得办公室里的温度陡然上升了,嗡嗡嗡的空调压缩机声音又沉闷又刺耳,我笑了笑,站起身去找遥控器……

第二天上午,第一节是语文课,我来到教室,开始了新学期的第一课。

我激情洋溢地讲课,看着那一张张如蓬勃朝阳的青春的脸,我的心也轻舞飞扬。过了十几分钟,渐渐地,我发现同学们的目光不由自主地望向一个地方,伴随着窃窃私语和偷笑的声音。我望过去,赫然发现一个黑黑的面孔挂在窗户外。虽是上午8点多钟,但窗外的太阳光白晃晃的极为耀眼,倒显得走廊昏暗了许多,那张面孔就躲在那片昏暗里,面容模糊,唯有一双眼睛灼灼地望着教室。从发际不停淌下的汗滴浸泡着那双密布了红血丝的眼睛,但那眼珠眨也不眨一下,倔强地圆睁着,好似从眼眶里射出无数个带着细线的铁钩,穿过窗户,齐齐射在坐在讲台旁边的小墨身上。

有更多的学生注意到了这双眼睛。唯独小墨挺直了背,像一尊雕塑一般端坐着。

第一天,理一班的全体学生在那双眼睛的注视下,上完了八节课。

第二天,理一班的全体学生在那双眼睛的注视下,继续上完了八节课。

天气越来越热了,空气里弥漫着让人窒息的热浪,班上的学生渐渐有点受不住。

第三天,除了理一班的学生,学校里越来越多的人纷纷议论了。这位家长除了上课时间站在窗外一刻不停地盯着小墨,放了学,就餐时,他也紧紧跟在小墨后面。小墨在食堂吃饭,他就站在旁边,瞪着一双直直的眼,看着。

小墨紧绷着脸,沉默着,头也不抬,始终没有看那身影一眼。

第四天,在那双眼睛的辖制下,校园里人人战战兢兢,如坐针毡。这不,连一向从容的欧阳老师也失了风度,课堂上,好几次跑丢了讲课的主题,慌不择路地跑回办公室来求救了。

看着这个汗涔涔的家长,执拗地站在那里,浑然不觉走廊上扑面而来的热浪,我紧张地思考着对策。

我走过去,对他说:"家长您好,您辛苦了!有件事情和您商量,想要寻求您的帮助。明天是学校的教学开放日,我们诚邀您作为家长代表,参与学校的教学优化活动!"想起第一次见到他时,边说话边挥舞着手的模样,我不由得笑了:他定是不会拒绝我的求助的。果然,他转过身来,斜着眼看着我,昂着头,下巴微抬,接过我递给他的入学考试监考方案,用他那指挥家般的手势,开始指点起来。

第五天,他如约来了。我把他请到视频监控室,把理一班的监控视频调出来,对他说:"您是我们的特约嘉宾,您今天要体验的是视频监考员的工作,监考结束后请您对学校的工作提出宝贵意见。"

我们交流了考试纪律,虽是一场模拟考试,但严谨的考风才能催生严谨的学风。他坐下了,瞪着眼寻找小墨的身影。监控室里,灯光明亮,电脑显示屏荧光粼粼,晃得人眼睛直花。我、欧阳老师,还有两位老师,搬了椅子在他的左右两边坐了下来。

起初,他直愣愣地盯着屏幕,眼也不眨一下。慢慢地,许是感觉到了我们严肃认真的望着他的眼神,他明显地不自在起来,不时地挪动一下椅子,转动一下脖子,用手敲打几下腰椎……两个半小时的考试,他坐在那儿,变得痛苦异常。

下考铃响了,他飞也似的逃出视频监控室,嘴里嘟哝着:"就是坐了一场牢!"来不及交流意见,他急匆匆地出了校门。

第六天,小墨的父亲打了电话过来:"李老师,今天的监考我就不参加了,家里负担重,我要启程出去找工作了。小墨复读,我本是打算辞工守着他考大学的，但现在……"沉默了一会儿，他继续说道："小墨告诉我，如果我再去学校，他就不读书了。李老师，你还是有方法的，小墨在你的班级，我放心……"

挂了电话，我走出办公室，看着整洁空阔的走廊，心也放松了许多。有风吹拂过来，隐隐地，有一丝凉意，毕竟，七月流火，凉爽总是会如约而至的。

技巧点拨

在我们的身旁，总有那么一种陪护，像无形的绳索，禁锢得让人窒息。那一个站在走廊上的执拗的身影，那一双挂在窗户上的阳光暗影里的眼睛，把本应温情的陪伴变成了黑色沉重的看护。小墨高考失误，小墨爸爸不顾生活艰难，辞去工作，要亲自陪护孩子读书。抱着这样一份沉重的期待，小墨爸爸每天都来探看，却用力过猛，陪护变成了监视。这类严重焦虑的家长不仅过度干预孩子的学习，也会过度干预学校和老师的各项工作。

作为班主任老师，如何消除家长的焦虑，破解家长的过度干预？那就要寻找一个身临其境的契机，把工作做到阳光透明，让家长放心。"己所不欲，勿施于人。"李老师在面对家长监视般的陪护时，邀请家长体验视频监考员的工作，还原了一个受监控的模拟情境，让家长切身体会，自然醒悟。

同时，家长的过度干预更多的是源于内心的焦虑，无从把握，无可适从。李老师借家校共商共建的机会让家长看到了学校严谨的管理和透明的制度，让家长放下戒备，选择相信。正所谓黑色看护，不如阳光透明更可慕。

迂回战术解难题

周国良

9月，我来到了一所新学校，接手了一年级的新班，成为了班主任队伍中的一员新兵。对于这个岗位，虽然给自己做足了心理建设，但面对开学的各种忙、乱，我还是显得有些力不从心。一个月下来，班上已经出了好几次"事故"。幸好，在年级组同事们的帮助下，我在家长面前一次次"勉强过关"。

"一年级的班主任不好当啊……"这天清晨，我嘴里嘟囔着走进办公室，屁股还没坐热，办公室的门"砰"的一声被撞开，随之而来的是一阵大吼："周国良，我崽怎么又被人欺负了？"一个健壮的身影闯了进来。我心头一紧：怎么又是小林爸爸啊？几个镜头瞬间在脑海里跳出来。

画面一：9月的天气还有些炙热，放学后我让孩子们尽量站在有树荫的地方等待家长，可好动的小林却四处游走。十多分钟后，等小林爸爸来接的时候，他脸上已满是汗水。傍晚，电话那头的小林爸爸言辞激烈："你们这所学校怎么搞的？连遮阳棚都没有一个，孩子在外面晒得全身是汗。他们的健康你们这么不关心？出了问题谁负责？"我刚想开口沟通，他就直接打断，又是一连串的反问和质疑。10分钟、20分钟……我强忍着泪水，只能任电话那头噼里啪啦。

画面二："周老师，你们班有家长投诉，说你强制学生参加课后服务，辛苦你到我办公室来一趟。"收到副校长这条信息时，我感觉脑袋"嗡"地炸开了。其实真实情况是：小林的爸爸妈妈生意忙，无暇顾及他的学习，于是把他放在了校外辅导班，每天晚上8点才接回家。两周后，我发现他有时连作业都没有完成，更不用提批改了。于是我向他的妈妈建议可以参加校内课后服务，以便更好地完成当天的家庭作业。不料小林爸爸直接拨打市长热线，说我强制要求孩子参加课后服务，反映学校教师师德有问题。

……

短短一个多月的时间里，我遭遇小林爸爸当面质疑或用极不友好的语气反馈问题的次数，一只手已经数不过来了。为了不激化矛盾，每一次我都无比耐心地向他解释，而小林爸爸则总是一副"得理不饶人"的态度，一件再小的事情也要无限放大，我通常需要被"训导"半个小时，他才肯松口——那你（学校）下次不能这样了啊！如果不改进，我就会去投诉，你们要承担责任呢！最让我郁闷的是，在他看来，我的能力不足以教育好班上的孩子，于是动不动就跑到教室里"吼"上几句——你们不要影响我崽读书啊！

此刻面对满脸怒气的小林爸爸，我内心有些胆怯，甚至有一丝不敢对视。无意间瞟到书桌上那张年级组的合影，我瞬间冷静了下来。

"小林爸爸，发生了什么事情让您直呼我的名字？"我的语气不卑不亢，神色故作平静。

看到办公室里其他老师也将严厉的目光投向了他，小林爸爸愣了一下，旋即又是满脸不在乎的神情。

"哦，这个办公室可能还有其他姓周的老师，怕搞混，所以直接喊了你的名字。"

很显然，小林爸爸没有料到我会抓住他直呼老师名字这个"辫子"来"交锋"。他的语调明显降低了，神情也缓和了下来。

"小林爸爸，我希望您做好榜样来尊重老师。您是我们班的家长，您进办公室我就会主动回应的。这个情况我希望以后不要再发生。"我故作深沉地顿了顿，"您说孩子受欺负了，把详细的情况告诉我吧！"

"李老师，上次我跟你讲过我们家小林在班上受到另一个同学欺负的事，你看，这才过去多久，昨天小林回来跟我说，那个同学又在课间欺负他。小林不理他，他就缠着小林，每个课间都找小林的麻烦。"小林爸爸一听让他反映问题，调门一下又高了，语速加快，恢复了"不解决问题不罢休"的神情。

"小林爸爸，您所反映的情况我需要调查一下，如果您有时间，可以在学校等一会儿。"为了不被他焦躁的情绪所影响，我用起了"缓兵之计"，平静地提出了我的处理办法。

这又似乎不在小林爸爸的预料之中——他以为我会像之前一样当即作解释，而不是直接回绝他的诉求。他停顿了几秒，表情极度不甘，想了想："老师，我厂里还有点事，要不你就下午再给我回电话，或者下午我接孩子的时候进来一趟。"小林爸爸没有"恋战"，只是临走前又用那"熟悉"的腔调交代我："老师，你一定要狠狠批评那个孩子，从小不学好，长大好不了。下次我遇到他家长，我也会告诫他教育好子女的。"

我分别找来这两个孩子了解情况，发现事实远非小林爸爸所描述的那么严重——两个孩子下课后只是在一起玩闹，他们的感情好着呢。小林在家里也是以愉快的心情向父母说起班上的新朋友，只是小林爸爸看到他磕伤的膝盖后，就一直不停地追问：是谁？怎么伤的？为什么要弄伤你？是不是每个课间都是如此？……小林的回答在他看来是"控诉"，而不是倾诉。全面了解了情况后，我主动邀约小林爸爸来学校当面沟通，而他却好似没有发生这件事一样，以各种借口避开我。

这天夜里，同事们都已下班回家，我一个人静静地待在办公室，心想：为什么小林爸爸总会因为一点小事就找我的麻烦呢？如何改变他这种"好了伤疤忘了疼"的局面呢？更刺痛我内心的是，小林在爸爸与老师的"冲突"中表现出的那种恍惚和无助的神情。我决定寻求"支援"，主动出击，合力消除"隐患"。

首先响应我的是同年级组的数学老师李老师。她和小林家住在同一个大市场，于是我请她先侧面了解小林的家庭状况。原来小林一家是外地人，因十多年前来本地做生意，举家定居在这里。父母平时生意特别忙，小林放学后回家，他们几乎没有时间管他。小林还有一个大他15岁的哥哥。全家对小林格外疼爱，尤其是爸爸，总觉得当年亏欠了哥哥，所以对小林有些溺爱——难怪晒出一身汗、发现一个蚊虫叮咬的小红包都能引起他的强烈反应。

为了了解家长多番"挑事"的真实动机，我请学校德育部门的领导在校园"偶遇"小林爸爸，刘主任擅长与这样的家长打交道，几句话下来就察觉他背后真正的动机是看我年轻，怕耽误自己孩子的成长，所以想通过一次又一次"挑刺"，最终达成换班或换班主任的目的。小林爸爸虽然知道达成的可能性极小，但仍抱着侥幸的心理，一次次地小题大做。

支援队伍里还不能缺少一个重要的人物——小林。课间，我也会对小林多加辅导，巩固知识。与同学交往方面，我向他介绍了新的同桌，叫他们课间一起做游戏。在拼音验收考查中，小林的表现有了大幅进步，我也在班级群里对他和其他同学及时肯定与鼓励。小林爸爸几次来到教室，看神情似乎依然不满意，可小林黏在我身边，他那火气也只能憋着了。

期中考试后，学校安排各班进行家访。我告诉小林，全班第一个家访对象就是他，随同的还有学校的刘主任。家访时，我坦诚向小林一家人表示，作为年轻老师，虽然我工作方法上还有不足，但我会用心地对待每一个孩子。刘主任也对我们班目前的表现给予了高度的评价，希望小林爸爸能多支持、理解学校，尤其是我的工作。在彼此真诚交流的氛围中，小林爸爸表达了他的歉意，并表示会更加积极配合学校、班级的管理。

从那以后，我和小林爸爸之间少了一份对峙，多了一份相互尊重和配合，小林在班级里也表现得更加自信、阳光了。

技巧点拨

在这个案例中，家长有意制造或扩大一次又一次的家校冲突，究其原因就是对年轻班主任的不信任，进而想通过这种方式给学校施压，达成换班、换老师的目的。对立情况的转变过程中，这位年轻班主任有几个细节值得肯定：首先，在单个事件的处理中，第一时间稳住阵脚，不被家长情绪所激怒，留出时间查找真相，再有理有据"击破"家长的片面言论。其次，能主动寻找家校冲突原因，而不是一味等待、抱怨或推卸，甚至是放弃。敢于直面困难，主动出击，直至战胜困难。再次，懂得用"借力"的方式来解决问题。面对文中这类家长，在个人开展工作难以奏效的情况下，可以寻求学校领导、年级组长、有经验的老教师甚至是家委会的帮助，发挥他们的优势进行协调沟通。最后，班主任把握时机，主动上门与家长真诚沟通，既体现了自己的大度，也起到了尊重家长、平等对话的作用，成功化解矛盾的同时，赢得了家长的信任。

面对家校矛盾，保持定力，多想办法，一定会拥有更加美好的教育生活。

不妨请家长当助教

杨琴华

一个周末的午后,一切都很寻常。只是连日的阴冷似乎钻进了人的心底,让人心里染上一层阴霾,跟着灰暗起来。难得有一丝闲暇,我在沙发上窝着,打算胡乱刷一刷手机,打发慵懒的时光。

不经意间,班级微信群里跳出一条信息:"小宇家长,我再次警告你,如果你的孩子再欺负我的孩子,我会教他怎么做人!"不是放假了吗?怎么还有这样的事情?班主任的职业敏感让我猛地一个激灵坐起来,在群里回复了一句:"家长的爱子之心可以理解,有任何问题可以私聊,或者联系老师了解情况。"本以为风波就此平息,然而,事情远超我所料。

"跟你们老师讲有用吗?"一句回怼让我愣住了,情绪不自觉地往上升腾。难得的一点清净被这无厘头的"突袭"打破,我有些生气,甚至有点懊恼。

"这是班级通知群,在里面公然喊话并不能解决问题。"我义正辞严,想表明态度。"孩子说起这个事情,压抑得用牙齿咬自己的嘴唇,换了你,你受得了?"小森爸爸话语里浓烈的火药味似乎要从屏幕里溢出来。我努力控制自己,从教多年的理智告诉我,别再急着回复,先了解事情原委。此刻,任何关于对错的纠结都只会让事态更加恶化。

我开始私聊群里喊话的小森爸爸,想知道发生了什么,他没有回复我。我给他打电话,没接!我想,也许是没听到。几分钟后,我又打了一个,还是没接!等了半个小时,也没见回过来!我想:他是在拒绝沟通,即便联系上他,估计也问不出什么,不如先让他自己静一静。

于是我联系了可能跟小森起了冲突的另一个孩子的家长——小宇爸爸，面对群内公然的恐吓，他一直没出声，我想他可能没有那么情绪化，想从他那里了解些情况。

不出所料，确实是两个孩子之间有一点冲突。因为住在一个小区，头天两个孩子都在楼下玩，玩闹中当了真，摔打了起来，虽被在场的大人拉开了，没受什么伤，但是小森似乎被对方那句"你就是个贼"伤到了，哭着回去了。小森回家后抽抽搭搭跟家长一讲，又说起放学路上班上几个孩子有时也这样说他，家长便坐不住了。原来在群内喊话之前，小森爸爸已经打电话威胁过小宇家长一次了。小森有几次是悄悄拿了同学的笔据为己有，我为此教育过他，他也认识到了自己的错误。当时，孩子们态度都挺好，接受了道歉，也谅解了他，没想到一有矛盾又咬着这个事情不放。

了解清楚情况后，我陷入了沉思。

将心比心，如若我的孩子被这样定义，满腹委屈地哭着回家，即便他有错在先，我或许也很难冷静。可是家长越是保护欲强烈，孩子越觉得委屈，这对孩子的心理调适毫无益处。何况孩子们之间的"恶语相向"往往转头即忘，过不了半天又有说有笑玩在一起了。想要帮到小森，首先要让小森爸爸更全面地了解孩子的在校生活，看到乐观积极的一面，这样才能促成"大事化小"。

第二天恰好是校运会，我便将小森爸爸请到了学校担任"家长助教"，协助我组织孩子们完成比赛。

小森参加的是 800 米长跑，这是他的长项。只见他快速地来到赛道起点，熟练地弯腰屈膝，弓步准备，如敏锐的豹子般紧盯着前方。裁判员哨声一响，小森便如离弦的箭一般飞了出去。很快，小森便占据了绝对优势，远远地将其他赛道的选手甩在了身后，胜负似乎已经毫无悬念。小森爸爸的眼里早已蓄满了自豪，早早地便在终点线外等着给儿子递水杯庆功了。

突然，不知是用力过猛，还是什么原因，小林往前一扑，失去了平衡，重重地摔在了地上。后面的选手很快便追了上来，反超了过去。一瞬间的意外与静默后，同学们很快反应了过来，紧接着操场上响起了一浪高过一浪的"加油"声。在这震耳欲聋的呼喊声里，小森费力地爬起来，来不及察看膝盖上的擦伤，便又朝着终点线奋力奔去。

在那激动助威的人群里，我看到了小宇那张早已涨得通红的脸，他的嗓子因一声接一声歇斯底里的"小森，加油"已有些沙哑。还有那几个在放学路上嘲笑小森的孩子此刻都紧张地为他捏了一把汗，在赛道外一边高声呼喊，一边争先恐后地陪着小森跑向终点。小森爸爸明显也注意到了这一幕，隔着人群，我隐约看到了他眼中泛起的泪光。在小森冲过终点线的那一刻，我想我听到了小森爸爸心里的坚冰融化的声音。

一天下来，孩子们很尽兴，我们却都有些累了。倚在操场栏杆边，我们很自然地聊起了小孩子的教育问题。

"小孩子是真让人操心，我的孩子虽然上初中了，可没让我省心。上一次跟同学有点冲突，回来还抱着我哭，真后悔小时候没有让他自己学着处理自己的问题，到现在心理还是很脆弱。"聊起孩子，家长们总是有说不完的话题。我像一个普通的家长一样，跟小森爸爸就着孩子的酸甜苦辣聊开了。

小森爸爸开始主动跟我讲起小森这些年的经历。原来，小森之前在老家上学，跟着年迈的爷爷奶奶，直到上个学期爷爷奶奶生病，无力照顾，才从老家转过来。来到父母身边以后，父母一直忙于生意，对他基本无暇顾及，导致了小森内向的性格，偶然也有偷偷摸摸拿家里钱的习惯。

"孩子在成长的过程中难免会走一点岔路，这个时候可能最需要的就是我们的接纳与帮助。成长中遇到的问题必将在成长中得到解决，不用过于担心，我们一步一步来。我们要对孩子有信心，他能自己处理好的。"

"我们好好问问孩子，都拿了些什么，告诉他应该怎么弥补，往后我们陪他慢慢改。不要过于激动，吓着孩子。你也看到了，班上的孩子都是团结向上的，不存在你担心的孤立某个同学的情况。我也会在班上再跟其他同学好好聊聊，并就同学之间的相处召开专门的主题班会。"

感受到我的真诚，小森爸爸开始不好意思地为昨天的态度表达了歉意，敞开心扉谈起了他的想法，开始积极思考孩子的症结，寻求从根本上解决问题的办法。

一番交流，我们达成了共识。小森爸爸当着我的面给小宇爸爸打了电话，两个大人之间的交谈很顺利，我心中的一块石头终于落了地。

抬眼望向天空，一缕阳光从云层里渗透出来，校园里的绿萝似乎感受到了一丝暖意，舒展了枝条，一派生机盎然的模样。满目欣然，我想明天应该是个难得的大晴天。

● 技巧点拨

苏菲派诗人鲁米曾写道："在对与错的区分之外，有一片田野，我将在那里遇见你。"面对家长的无端责难，面对家长的拒绝沟通，我们首先要放下的便是关于对与错的评判。在那片宽容豁达的田野里，我们才更有可能找到那个同频点，打开家长的心门。

小森爸爸起初不愿意沟通，将孩子的委屈全部归咎于与之起冲突的同学，甚至迁怒于同学家长，迁怒于老师，企图以恐吓威胁来"帮"孩子解决问题。这显然是不对的，可是如果我们一定要在那个当下，跟小森爸爸论出个对错，显然只会激发他更强烈的反击，让事态更加恶化。

将小森爸爸请来学校担任一天的"助教"，让他看到孩子在运动场上奋力拼搏的样子，让他看到孩子们拼尽全力为小森呐喊助威的样子，让他近距离地了解真实向上的学校生活。这样，他才能对小森自己处理问题有信心，对老师、对学校会妥善教育孩子有信心，他才能放下戒备，从逼仄的"受害者"心理里解脱出来，收起为"护"着孩子而竖起的满身的刺，理智地看待孩子身上存在的问题，与学校站在统一战线，共同寻求智慧的教育之法。

"爸爸课堂"，建设积极的班级家长舆论场

陈 晶

安静的办公室，我在灯下预备第二天班会课的课件。那是一节有关"亲情"主题的活动课。我打开朱自清先生的《背影》，想要摘录一个片段，才读了几行，便觉内心酸楚，不忍读下去。许多年前，在中学时，我曾悄悄地背诵它，一个背影，已是亲情的归属，是人生路上的永恒坐标。在我们的记忆深处，父亲就像一座山，以"晨曦朝露去，披星戴月归"的奔波劳累，肩撑日月，把生活的不易，深藏在那个坚强的背影里。

可是今天，再读《背影》，还会激起孩子们和我们一样的情感涟漪吗？

我不免踌躇。想起高一整整一年的家校活动，一例都是妈妈们来参加，家委会成员也全是妈妈。特别是班级微信群，一半是海水，一半是火焰，爸爸们集体噤声，妈妈们倒像搭了一个戏台子，一个再寻常不过的通知，妈妈们指点江山起来，排山倒海般的信息便汹涌而至，大有顶级流量上热搜的劲头。

看到这个光景，我的心里充满了疑惑，在孩子的成长路上，父亲的"背影"难道已是渐行渐远的背影？

办公室的门被轻轻推开了，苗苗妈妈走了进来。

"陈老师……"

看到她欲言又止的神情，我想起苗苗周末返校后疲倦不堪的模样，心里大致有了个底。

"是不是苗苗在家里又拿他爸爸的手机玩了？"我明白，此刻，只有我先提起这个话题，才能解开她的纠结和惶惑。

苗苗妈妈是一个学校的老师，作为一个20年奋战在教学一线的老师，她把所有的心血都倾注在了工作上，却唯独无暇陪伴自己的孩子。苗苗从小就常常安静地窝在沙发上，等着深夜才能回家的妈妈。苗苗是乖巧温顺的，对人谦和有礼，小学、初中一直居于班上前十名。苗苗妈妈虽心怀忐忑，担心自己的缺席会影响孩子的学习，但看着孩子一路跌跌撞撞，成绩也不太差，也就放慢了回归家庭的心思。但孩子上了高中，问题来了，一放假回家，便彻夜玩手机，无法自拔。我知道，对工作，苗苗妈妈已是无怨无悔，但作为母亲，孩子年幼时陪伴太少一直是她的心病。天下的母亲都这样，情愿把孩子所有的过错都归咎于自身，即使付出自己的全部，也总是觉得没有做够。

此时，愧疚、自责、担忧在噬咬着她，她的脸因苦痛而更为忧郁。然而，一个知性而优雅的女士是不会轻易让人窥探到自己的内心的，倾诉只属于暗夜，灯光下的她不会把苦痛说给我听。

"是孩子爸爸又把手机塞给孩子玩了吧？"我站起身，倒了一杯温开水，递给她。

苗苗妈妈接过水杯，尴尬地笑了笑，长长地叹了一口气。

"我现在真是不能理解，一个父亲为何要亲自塞手机给自己的孩子玩，亲自做一个害孩子的凶手，他这个做父亲的对孩子的陪伴没有节制，没有边界，防线没有了，我这个母亲角色也就完全崩溃沦陷了。本是那么听话的孩子，现在一拿手机就谁的话也听不进了，玩到半夜都不肯睡觉……"

苗苗妈妈眼睛慢慢红了，有泪要涌出来，她转过脸去，看向漆黑的窗外。

我也不由地叹了一口气。在她的话里，我看到一个母亲眼睁睁地看着孩子沦陷，无法劝阻，无法制止，忧伤，无助。我还能怎么劝慰呢？对于高知高能的家长而言，一切道理他们都深谙于心，一切话语都是徒劳。我唯有沉默。

"我们对孩子本来陪伴就少，以前亏欠太多，现在想弥补，一叫他陪陪孩子，他就只陪孩子玩手机，对孩子的要求毫无抵抗力……"

我看着课文插图中那个蹒跚的、肥胖的、青布棉袍黑布马褂的背影，蓦地想到了班会课的主题。我对苗苗妈妈说："明天，您让苗苗爸爸一起来参加班级主题活动吧。"

我在班级微信群里群发了公告：

"爸爸课堂"第一季——托举孩子的梦想，开启啦！明天下午的班会时间诚邀各位爸爸参加，主题为亲子野外拉练活动，尝试无水之苦、饥荒之苦、曝晒之苦、无外援之苦，挑战野外求生技能……

第二天，那些在本地工作的孩子爸爸如约而至。我们的亲子野外拉练活动开始了，兴奋涌动的人潮中，我发现了苗苗爸爸的身影。看得出来，这是一个平素缺乏锻炼的中年男子，队伍才行进了几公里，苗苗爸爸已是气喘吁吁，大汗淋漓了。而洋洋爸爸生活中身兼数职，却依然每周陪孩子运动、郊游、探险，常常引导孩子参与各类社会实践和生活体验，这样的野外活动对他而言，轻车熟路，显得格外轻快。此时，洋洋爸爸挥舞着会旗，身形矫健俊朗，遥遥行走在队伍的前方，引来了所有孩子钦慕的目光。洋洋被同学们簇拥在队伍中，骄傲地分享着与爸爸各种探险的快乐。那一刻，那对父子俨然是光耀照人的英雄。

当行至十几公里时，苗苗身上的校服已被汗水湿透了，身形有点摇晃。苗苗爸爸跑上去，看着孩子有点发白的嘴唇，急切地对孩子说："要不我们坐上车走一段，休息一下吧？"苗苗看了看前方的同学们，对爸爸摆了摆手，继续朝前走去，留给爸爸一个背影。

我走上去，对苗苗爸爸笑着说："孩子长大啦，长成男子汉啦！"

"是的，长大咯！"苗苗爸爸擦了擦汗，朝着孩子的背影追赶上去。

几辆后勤防护车一直在队伍后面紧紧跟随，随时准备支援体力不支的学生和家长。但历时四个小时的拉练活动，没有一个学生和家长中途放弃，孩子和爸爸互相激励着，感动着，扶持着，坚持完成了全程拉练。

当天晚上，我在家长微信群里发了一段话：

"爸爸课堂"第一季已完美收官，每个爸爸陪伴孩子的照片都已精心保存在班级影集里。这是一次力量和精神的陪伴，一次顽强而勇毅的陪伴，洋洋爸爸以他丰富的陪伴经历获得此次活动的最佳父亲奖。接下来，"爸爸课堂"第二季、第三季招募活动主题词，请家长们踊跃报名……

消息一发，一个个爸爸纷纷艾特我，班级活动主题词接龙长长的一串。身为法官的苗苗爸爸更是率先发出了一个主题：

"爸爸课堂"第二季：法治讲堂，伴我成长！主讲人：苗苗爸爸；主持人：苗苗同学。

微信对话框出现了点赞的表情包，那是苗苗妈妈发过来的。我在群里回复了苗苗爸爸一句话：

"有一种陪伴，是知识和智慧的陪伴，是引领和指航的陪伴！"

是啊，父亲的陪伴，只要用心，留给孩子的就不只是背影，那个背影，会沿着爱转身，循着爱回归。

技巧点拨

面对家长微信群爸爸参与极少的现象，陈老师敏锐地意识到了引领家长端正教育观、建设积极的班级家长舆论场的重要性。苗苗爸爸错误的家庭教育并不是个例。因为年幼时父母陪伴太少，错失了培养自主学习习惯的时机，苗苗上了高中，学习日渐吃力，家长本应正确引导，但苗苗爸爸的亏欠心理和补偿心理常常会让他心生柔软，面对孩子玩手机的要求，不舍得拒绝，失了教育的尺度。当纵容和溺爱越了界，又不舍得管束和惩治。

如何破解这个家庭教育的难题？在孩子的成长中，爸爸不能缺席，不能是一个渐行渐远的背影，而陪伴，更应得法。无论是户外拉练的力量型陪伴，还是法治讲坛的知识型陪伴，父亲的肩背始终是孩子最坚实的依靠。陈老师积极推动班级"舆论方向标"建设，把爸爸们聚集起来，发动起来，参与到班级活动中，重视分类引导和真诚互动，通过积极筹备系列化、主题化的"爸爸课堂"，充分发现爸爸家长们的才智和专能，发现"种子家长"，展示优秀的教育经验，促进爸爸们对教育的理解，实现对孩子的智慧陪伴。

把课堂"搬"到家长面前

谢海波

"小W妈妈好!以上是小W本周个人积分情况。特告知,以便家校携手共育英才!"

又到周末,我照例编辑好给小W妈妈的信息,又照例加上了握手的表情。检查无误后,点下了"发送"键。这一次,小W妈妈收到信息后,会有什么反应呢?我放下手机,眺望着窗外碧蓝的天空,眼前不禁浮现出前两次和小W妈妈沟通的情形……

那天,也是周末。我在多次教育小W无果的情况下,无奈给他妈妈发了一条微信,告知她小W的在校表现和个人积分情况,期待她能与老师配合,共同教育好孩子。为表诚意,我还特意在信息末尾加上了握手的表情。

不一会儿,小W妈妈的电话就打过来了:"谢老师,我儿子这周在学校被扣了20多分?怎么可能!我儿子最乖了,从不惹事,怎么可能会被扣分?"

"小W妈妈您好!小W的确很少惹事。他扣分的主要原因是拖欠作业和不爱背书。他的课后作业一个字都没写,该背的课文也没有完成。我每次找他谈话,他都低着头一声不吭,回到教室又还是老样子。您是不是也抽空和他聊聊?"

"是这样吗?"对方沉默了一会儿,"那好吧,等晚上我问问他。"

第二天上午,小W妈妈回电话了:"谢老师,我儿子说,他不写作业,是因为不会做。"

"哦,不会做呀,那他为什么不向老师同学请教呢?"

"是啊，这个问题我也问过他。他说是同学们不愿意教他。老师啊，你评评理，我儿子好言好语地请教同学们，同学们竟然都爱理不理的，没一个人肯教我儿子。那些同学是不是也太过分了！"小W妈妈的语调突然变得高亢起来，语气也尖锐了。

"同学们都不愿意教他吗？有这种事？"我们班采用的是小组合作管理模式，同学之间互帮互助蔚然成风，应该不会有这种情况呀！

小W妈妈的声音继续通过话筒絮絮叨叨地传来："我也知道，大家都喜欢成绩好的学生，像我儿子这样的，同学们都不愿意教他，老师也不爱管他，题目肯定晓不得做呀，作业自然也就交不上啰，要扣分也是没办法的事嘛……"

老师都不爱管他？我不禁哭笑不得，忍不住抢过话头："小W妈妈，老师并不是不管他呀！您看，作为班主任，我周末休息时间和您沟通孩子的教育问题，就是在管他呀！至于任课老师，也一直在认真管他。上次我还看见数学老师把小W叫到办公室，单独指导呢！小W当时也学得挺好的，当天的作业题也做对了。这说明他还是不错的啊！只要肯用心，还是能够听懂课、完成作业的！您还是得要求孩子端正学习态度，自觉完成学习任务。感谢您的配合！"

挂断电话后，我的心情久久不能平静。小W安静，内向，平时常常沉浸在他自己的世界里发呆，不写作业，也不读书背书。偶尔做一次作业，却令人惊艳：字迹工整、卷面整洁，准确率也比较高。这分明是一个天资不错却因学习态度不端正、对自己要求太低、不肯努力而导致自己暂时落后的宝藏男孩呀！然而，打开宝藏的钥匙在哪里？我心忧如焚。

那次沟通后，效果并不明显。又一次统计积分时，小W还是被扣了20多分。我再次把情况反映给他妈妈。

次日上午，得到小W妈妈的回复："谢老师，我儿子说了，是他的组长不肯收他的作业本。"天哪，这明显是小W的借口呀！小W妈妈竟然也相信？我有点激动，飞快打出一大段文字："小W的组长小轩，是个责任心很强的男生，不可能不收组员的作业。况且，就算组长没收他作业，他自己也可以主动交给组长或课代表啊。我觉得您还是不能客观看待他的问题。"

"哦,是这样吗?我再问问他吧。不过,他都这么长时间没写作业了,还能跟得上吗?"

"小W妈妈,如果您能配合我们帮助小W端正学习态度,问题就解决一半了。至于小W能不能跟上这个问题,我想跟您以及您的孩子当面交流一下。现在方便吗?"

得到肯定的答复后,我联系数学老师一起赶到了小W家。

小W的家是一幢两层小洋房,在这个乡村院落里显得鹤立鸡群。小W的父母大约50岁的年纪,穿着打扮很精致。夫妻俩还有一个大儿子,和小W相差17岁。寒暄几句后,我们让小W拿出作业本。

小W愣了一下,眼神明显黯淡下来,愁眉苦脸地望着妈妈,不肯挪步。"小W,拿作业来给老师看看呀!"数学老师忍不住催促。小W突然像受了莫大的委屈,撇了撇嘴,带着哭腔喊了一声:"妈——"小W妈妈顿时慌了,上前一把搂过小W的肩膀:"乖,不怕啊,拿个作业本而已,一点都不难的。"回头看见我们,她微微红了脸,尴尬地笑了笑,说:"这孩子,十多岁的人了,还这么娇,什么事都不会做。"转身又搂住孩子:"来,妈妈陪你一起去拿作业本好不好?"

作业本拿来后,果然又是只字未写。数学老师摊开课本,准备给小W讲讲题。可小W直僵僵地站着,一动不动。"乖,过来,让老师给你辅导一下。"小W妈妈一边温柔地哄着孩子,一边把小W按在凳子上坐下,"很快就可以完成作业的。一完成作业我们就出去玩好不好?"小W的眼里瞬间闪出了光亮,慢慢坐直了身子。

认真了的小W就是不一样,只听一遍,"平行线的性质"就弄懂了,布置的两道作业题很快写完了。然后是背诵四首古诗,仅仅十来分钟,小W就完成了任务。看着孩子的表现,小W妈妈惊喜不已:"我们小W还蛮聪明的嘛!"

我趁热打铁:"是的,小W确实是个很聪明的学生,他只是不愿意用功学习。如果能严格要求他,我相信他一定会带给我们更多惊喜!"

一直很少开腔的小W爸爸忽然说话了:"谢老师,你说得对,确实是我们对孩子的要求太低了。他妈妈快40岁才生下小W。孩子是早产,小时候又体弱多病。我们对他未免娇惯了些，什么事都顺着他，什么苦都舍不得让他吃。不过，孩子不吃读书的苦，就要吃生活的苦呀！今后，我们一定会严格管教孩子，要求他努力读书的，老师你就放心吧。"

接下来的这一周，小W认认真真地听课、做笔记，作业很少拖欠了。自习课上，竟然能听到他细细的读书声了。

星期五早读课后，小W躲躲闪闪地出现在办公室门外。我走出去叫住他，问他有什么事。他忸怩地说："老师，我还有些背书的分没加，可不可以加上去？""当然可以。"我微笑着说，"还有多少分没加？""13分。""这周你已经加多少分了？""38分！"孩子响亮地说，"这周我没扣作业分了，又背了不少书，现在已经加了38分了！""哇，真棒！不过，你既然已经有这么多分了，那13分为什么还要加进去呢？留到下周加不好吗？"孩子羞涩地低下头："周末就母亲节了，我答应妈妈的，一定要拿到50分给她做节日礼物。"

我忽然眼眶一热，有了流泪的冲动。多么可爱的孩子！给他一个小小的目标，就会努力拼搏；给他一份小小的责任，就绝不失信于人！家庭教育给予他的力量竟远远超出了我的预期！我为孩子的变化而欣慰，也为自己终于找到了一把能打开他这座宝藏的钥匙而激动不已。

一阵手机铃声打断了我的思绪，和小W妈妈的微信对话框里赫然跳出了一条新信息：

"谢老师，这一周小W加了50多分呀！真好！太感谢您了！"

"这是我们共同教育的结果！接下来，还请继续支持工作，家校携手共育英才！"我再次发出握手的表情。

这一次，对方很快回复了我一个握手的表情。

看着两只紧紧握在一起的手，我仿佛看见一只小小的雄鹰，从我们的掌心起飞，斜斜掠过层层叠叠的云海，向着那碧蓝的天幕，盘旋而去……

技巧点拨

本文中的小W妈妈是一位典型的偏袒溺爱型家长：中年得子，宠爱有余，舍不得让孩子吃一点苦，不肯给孩子施加一丁点压力，生怕孩子承受不住，不严格要求儿子，对儿子的懒散消极行为听之任之，不注重培养孩子的自主意识和责任意识。孩子的成长出现了问题，第一时间想到的，不是从自身找原因，而是把责任推诿到他人身上。

　　面对这样的家长，班主任老师采取了当面教学的策略，把课堂"搬"到家长面前。老师当着家长的面，检查孩子的作业，让家长亲眼看到孩子在面对作业时抗拒、逃避的态度，让家长意识到，孩子不交作业的真正原因仅仅是自身懒惰、不肯吃苦而已，之前找的种种借口不攻自破。之后，老师又当着家长的面，给孩子讲题，让家长看清了孩子真实的学习能力，意识到孩子的学习能力远远超出自己的预期，完全可以承受学习的压力。整个教学过程中，家长不仅是观察者，更是参与者。家长的劝说、鼓励是本次教学成功的重要因素。这有力地证明了家长参与教育的有效性、必要性和重要性，也使家长明白，家长对孩子学习的要求直接影响到孩子的学习态度，之前孩子不交作业、不求上进，其根本原因是家长溺爱过度，对孩子要求过低。至此，家长终于妥协退让，不再溺爱护短，同意配合老师，严格要求孩子自觉自主学习，从而给了孩子腾飞的空间。

不妨做一次"导演"

姜力强

"小K爸爸,您好!您有时间吗?我觉得小K身上有些情况,需要跟您一起探讨交流一下。"

"啊?小K是不是在校学习不努力?"

"才刚进入初中,小K就表现得很刻苦,很自律,非常好。但我发现,他在动手能力、生活自理、与人交往等方面还是有些问题。"

"姜老师,我只要小K一门心思读书,成绩好,考上一所重点大学,就行了。"

"这我知道呀。可考大学也并不是一个人最终的目标,我还是希望小K能够全面发展,将来成为综合素质过硬的人才。"

"小K能读好书考上好大学,我就心满意足了。班上那些没有意义的事情和乱七八糟的活动就不要让他参加了,免得浪费时间。姜老师,我这边还有急事,先这样吧,以后再联系。"

"小K爸爸……小K爸爸……"我还没缓过神来,电话那头便匆匆挂断了,只剩下话筒里传来"嘟嘟嘟"的声响。

我只得放下手机,斜躺在办公椅上,脖颈枕着靠背,眼望着天花板,任思绪凌乱……

新生入学报到的第一天,时近仲秋,暑气未消,教室里四台吊扇"嘎吱嘎吱"疲惫地旋转着,那一点点凉风,根本无法驱散笼罩在人们心中的燥热。

"这鬼天气,都这时节了,教室里还热得像个蒸笼,小孩子怎么能安心读书哟！"

"我们家离学校比较远，老师是不是可以快点？我们还得赶回去做事呢！"

"这老师这么年轻，能教好我们的小孩吗？"

"我家小孩视力不好，老师你安排位置时考虑一下让他坐前排。"

"老师，这个班是学校的重点班吗？"

……

家长的抱怨声、催促声、质疑声、询问声，让办公室嘈杂得像闹市。

我耐着性子，小心地一一应对着。偶然一抬眼，一对父子引起了我的注意。父亲年逾四十，高高瘦瘦，身着一件泛黄的白衬衣，头发略显稀疏，身子往前微倾着，背上一个鼓鼓的书包似乎很沉重。他额上沁满汗珠，衬衣湿漉漉地粘在身上，却一脸严肃，只一声不吭地排在队伍最后。男孩在他近旁木然而立，个儿不高，胖乎乎，圆脸小平头，鼻梁上架着一副大大的眼镜，透过镜片射出一种鄙夷的目光。画面与别的家长、小孩迥异。

"老师好，报到，这，我儿子小K。"男子用手背轻擦了一下额上的汗珠，说道。

这位家长生硬的说话语气让我颇感意外。"哦，您好，小K爸爸。小K，天这么热，你不像别的孩子聚在吊扇下凉快，而是规规矩矩地站在你爸爸旁边，老师知道你是个很乖巧、很懂事的孩子。你有什么爱好呀？"这时候教室里也只剩下我们仨了，索性套一下近乎吧，也便于今后工作更好地开展，我想。

"哦，他除了读书，没有别的爱好。我们也不准他有什么别的爱好！人的精力有限，一心一意读书才是正道。"

还没等小K说话，小K爸爸就抢过话头。话里的意思也让我吃了一惊，"两耳不闻窗外事，一心只读圣贤书"，小K爸爸的这种教育理念能合时宜吗？

后来的事情，果然如所预料的那样发展——小K整天埋头苦读，班级活动、体育运动，甚至是劳动卫生，都很少参加，连刚接触的生物学科实验操作，也懒得动手。把他找来谈话，他理直气壮："我爸说，在学校成绩棒就行了！"

成绩棒就行了？我不想在素质教育与应试教育之间做过多纠缠和辩论，但我坚信，这样教，只会让孩子误入歧途。解决问题还得追本溯源，是要好好跟小K爸爸谈谈了。于是便有了开头电话中的那番"交锋"。

电话被家长"霸气"地挂掉。唉，看来，光磨嘴皮子是行不通了！

我拨通了生物老师Z的电话，详细了解了小K在生物课上的表现，再结合自己从其他渠道了解到的情况，我心里顿时有了主意，决定联手生物老师Z合演一出好戏。

"小K爸爸，鉴于小K同学对学习勤奋刻苦的精神，明天下午第二节生物课，生物老师托我邀请您担任家长嘉宾，深入课堂听课，对学生进行监管和指导。邀请家长到班级指导，是我们学校的传统做法，对学生而言，这既是一种监督，又是一种鼓励。希望您能支持！"

"哦，这……好吧。"虽然电话那头有些犹豫，但听闻有关学习，而且还有对自己孩子的赞词，小K爸爸终是应允了。

第二天下午，小K爸爸如约而至，仍旧是白衬衣，但这次不再那么泛黄，而是净白似雪，显然精心漂洗过。

"老师好，今天下午，我刚好没事，就来了。"不苟言笑的他，勉强挤出一丝笑容，略显尴尬地说。

"好的，谢谢您能挤出时间支持学校工作。快上课了，我们去生物实验室吧。孩子们在生物老师的组织下已经过去了。今天是实验课。"

"同学们，课前我们先用热烈的掌声欢迎一位神秘嘉宾莅临我们的课堂听课，大家要好好表现哦！"同学们鼓着掌，异口同声地说："好！"

见到父亲走进来，小K感到有些纳闷，显出局促的神情。

"今天这节课，我们学习显微镜的使用。现在每个小组的实验台上都放着一个小木箱，里面装的便是显微镜。请大家先自学教材，组长组织组员认识显微镜的结构、作用及使用方法，不懂的地方小组交流，然后派代表上台来进行操作演示……"

学习任务明确，同学们便分工合作，对照着教材，认识显微镜的结构，动手进行操作，激烈地讨论着，一出现错误就立刻有其他组员出来指正，老师也及时巡视指导。整个实验室充满了主动学习、相互帮助、深入探究的空气。

然而，当中却有一位同学，始终坐在座位上，手捧教材，专心致志地念着，仿佛周围的一切人、一切事此时都与他无关。他便是小K。

这画面与周围极不和谐，而小K爸爸嘴角却掩饰不住地露出欣慰而得意的笑。

"好，停！"生物老师Z一声令下，整个实验室顿时安静了下来。"同学们学习很认真，但关键还是能正确操作。下面哪位同学愿意做代表来展示一下？"

相继有两位学生代表完美地"表演"后，Z喊了小K的名字，沉浸在书本中的小K这才回过神来。

"老师……这一课……我能背了……操作……我试试吧……"小K支支吾吾地说。他极不情愿地站起身，缓缓走上台，一边念诵教材，一边动手操作。

"好的，小K同学已经展示完毕，掌声鼓励一下。对于他的操作，大家有什么看法？"

"老师，应该右手握镜壁，左手托镜座。"

"老师，观察记录时，应该左眼注视目镜，右眼睁开。"

"还有，观察结束，反光镜应该调成与桌面平行。"

……

同学们七嘴八舌，而此时，小K双眼分明已经闪动着泪花，一旁的小K爸爸则黯然低头，额上沁出的颗颗汗珠"嗒嗒"地打在地板上……

"同学们，今天这堂课很普通，它不过是大家求学生涯中一节基础的生物实验课，现在没掌握，不要紧，课后还可以继续学习。但它又不普通，因为它是我们进入初中，第一次有你们的家长深入课堂与你们一起听课，促进大家学习，这体现了做家长的对你们无私的爱；更因为它告诉我们，仅仅掌握书本知识，也许能帮我们解题得分，却不能帮我们解决所有问题。少年当志存高远，在环境激变的今天，我们究竟要成为怎样的人，我们的国家又需要怎样的人才？我想这堂课一定会带给年少的你们以深思。"下课铃即将响起，我不失时机地发表一通"感言"。

"姜老师，我跟小 K 聊了一下，然后就先回去了。请原谅我不辞而别。小 K 交给您，我放心，今后我们做家长的有什么问题，还请您多批评指教。"小 K 爸爸在电话里说道，已经变换了一种语调。

轻轻挂断电话，我眺望窗外，此时夕阳灿烂，秋风乍起，那运动场上胖乎乎的身影是小 K 吗？

技巧点拨

案例中的小 K 爸爸，骨子里有着一种骄傲因子，在教育孩子上，重分数轻实践，总觉得自己那独特的看法是真理，是正道，而且还引以为豪。对于这一类型家长，试图与他辩论，完全靠"磨嘴皮子"解决，是很难行得通的。我们更不可与之起冲突，否则沟通的门就真的紧紧封闭了，就如被他"霸气"地挂掉电话一样。

这时，我们就不妨做一次"导演"，借助可借助的力量，设置特定的场景，营造合适的情境。首先让他觉得我们是真正地推崇他的理念，真心认同他的观点，真诚赞扬他的"杰作"——他的孩子，他的自尊心因此得到充分的满足，我们的工作也就迎来了转机。然后把孩子客观存在的问题揭摆出来，让家长自己去观察、去思考、去判断，从而真正从内心发生转变，家校沟通的目的就水到渠成了。

然而，必须要明确的是，我们做"导演"，是建立在对家长、对学生深入了解的基础之上，建立在充分尊重教育规律的基础之上，建立在有效借力的基础之上，建立在平时工作"真"的基础之上，而绝非纯粹的作假，虚伪的表演。

用事实说话

王文丽

放学了，我带着队伍奔向嘈杂的校门口。那里早就被围得水泄不通。家长们踮着脚，昂着头，眼睛睁得大大的，像雷达一样搜索着自家的孩子。终于，我在一双双眼睛的注视下，宣布解散，同学们像小鸟一样奔向守候多时的家长。我紧绷的神经也松懈了下来，心想忙碌的一天终于结束了。

"王老师，你等一下，我有事想跟你说。"这时一个声音从后方传来。

转头一看，原来是小雯的奶奶。她热情地跟我客套了一阵子后，身子突然凑了过来，低声道："我家小雯数学不太好，刚才门口还有两位家长也说孩子数学不好，是不是数学老师年纪大了，教学方法不适合他们了？你能不能跟学校建议一下，换一个数学老师？"

我愣了一下，缓了缓，很认真地说："小雯奶奶，你今天愿意跟我讲这件事情，说明你是信任我的，可是换不换老师不是你和我可以决定的。"

"可是小孩总说听不懂老师讲课，一做作业就错一大堆。长期这样搞总不是个事呀！"小雯奶奶着急地说。

"陈老师是一位非常优秀的老师，我想其中是不是有什么误会？我想我们可以先试着从其他方面找找原因。"我微笑着说。

可是，小雯的奶奶还是一口咬定问题肯定出在数学老师身上，小雯乖巧又听话不会有问题的。

听小雯奶奶这么讲，我的脑海里不禁浮现出小雯上语文课的一幕幕画面。小雯非常文静，瘦瘦高高的她坐在教室的后排，平时不大引人注意。每次上课，她都是坐得端端正正的，不搞小动作，也不跟同桌说小话。可是她那双会说话的大眼睛暴露了她的小秘密。她其实上课不用心，眼神一点儿不专注，时常游离。她基本不主动举手回答问题，有时候抽到她，她总是羞答答的，支支吾吾老半天，也吐不出一个字。所以看到如此肯定的小雯奶奶，我的心中依然打了一个大大的问号：她到底是听不懂还是根本没有用心听？

"你们心急是可以理解的。可是孩子的问题终究要在孩子身上找答案。这样吧，你有空来一趟学校，我们一起找数学老师聊一聊，看看到底怎么回事。"

小雯奶奶听我这么说，只好拉着不远处的小雯匆匆离开了。

都说隔辈亲，我怕爱蒙蔽了小雯奶奶的双眼。和孩子父母聊也许效果更好，所以晚上我拨通了小雯妈妈的电话，跟她讲了白天的事情，并邀请她来学校面谈。

接着，我又微信私聊了数学老师，约好了见面时间。

第二天，我早早来到学校，看到教室门口已经站着一位女士了。她剪着一头干练的短发，化着精致的妆容，身着一件淡蓝色的衬衫，看着十分精神。看我走向教室，她远远地迎了过来，笑着说："你是王老师吧，孩子读书这么久了，还是第一次见面，小雯让你费心了。"

一阵寒暄后，我们将小雯一起带到了办公室。

小雯是个文静的女孩子，平时不是很自信。所以我和陈老师先给小雯妈妈看了小雯的课堂作业，她的字写得非常工整美观，我们充分肯定了小雯的优点。

小雯妈妈听到我们夸小雯，她没有先前那么拘谨了，也说了小雯在家的许多良好表现。

小雯听到我们夸她，时不时抬头看看我们，微微一笑，嘴角上扬，然后又害羞地低下头。

我顺势把小雯拉到了自己的面前，对小雯说："小雯，你是一个非常优秀的孩子。老师和父母一样都好喜欢你的，你在学习上有什么困难，一定要主动找老师。"

陈老师也在一旁附和着。

她害羞地点点头，依旧不吭声，但是眼神看起来更加明亮了。

小雯的数学作业的确做得不太好，错误率挺高的。陈老师像往常一样，把小雯叫过去，耐心地辅导她，不过这次小雯听得格外认真，她很快把所有的错误更正完了。

然后我又试探性地问她："小雯，你认为刚才数学老师讲的题目难吗？"

小雯睁着她的大眼睛，咬着嘴唇不说话，然后缓缓摇了摇头。

小雯妈妈看到这里，若有所悟，转向小雯说："雯雯，你如果每节课像刚才这样认真，妈妈相信你的数学一定可以学好的。"

我摸了摸小雯的头，微笑着说："小雯是个聪明的孩子，以后一定知道该怎么做了，对吗？"

小雯用力地点点头。

看着刚刚认真辅导作业的陈老师，小雯妈妈眼里充满了歉意。她一边夸陈老师有耐心，一边很抱歉地说自己平时太忙了，不够关心小雯，小雯在学习上出现了问题，自己也有责任，以后一定多抽时间陪伴小雯。

就这样，一次愉快的交谈结束了。

经过这次谈话，小雯上课更加用心了，举手回答问题的次数也更多了。有时候她遇到不懂的问题，还会主动向老师请教。我们也经常表扬她，她的表现越来越好。

又到放学时间，校门口依旧熙熙攘攘。家长们簇拥在一起，闲聊着，守候着。孩子们排着长长的队伍，散了一波又一波。终于轮到我们班了，当宣布解散时，孩子们四散而去。这时身后传来一个熟悉的声音："雯雯，快去跟老师说再见。"转身一看，原来是小雯祖孙俩，她们脸上洋溢着笑容，一个热烈，一个腼腆。多好呀！我也冲她们挥挥手。

技巧点拨

班主任集教学与管理于一身，除教书育人外，也是家长与学校的黏合剂。当家长对学校或者老师产生误解和质疑时，班主任应该主动站出来，消除误会，澄清事实，通过真诚沟通，让家长重新与学校和老师一起，共同发力，帮助学生成长成才。

在教学的过程中，我们可能碰到像小雯奶奶这样的家长，他们喜欢根据小孩的言论，对学校产生片面的印象甚至是一些误会，从而提出一些不合理的要求。作为班主任，遇到此类事情，千万不要和家长争辩，当以具体的事实与家长交流沟通，从一件件小事说起，用细节打动家长。这样，才能从源头消除隔阂，共建和谐家校关系，齐心守护孩子学习成长。

打开心结，了解在前

石妍娜

我拨通小唐爸爸的电话，那头却传来异常激动的声音："孩子间互相碰撞，都受了伤，凭什么让我家孩子负全责，赔医药费？你这个老师怎么当的？"说完他直接挂掉电话。在我无比震惊、百思不解之余，对方又发来信息："为人师表，首先就要公平公正地对待每一个孩子！"一时间，我内心翻江倒海，委屈至极。

班主任的工作本就琐碎繁杂，被学生家长不理解的情况时有发生，对此我早就习以为常，但小唐爸爸过激的言行仍然深深刺痛了我。愤怒、委屈、抱怨无助于事情的解决，于是我强行让自己冷静，细思事情的来龙去脉，以寻求解决问题的办法。仔细地回想刚才我和小唐爸爸的交流，几番琢磨，我弄明白了问题的症结所在——小唐爸爸认为我对此事的处理有失公允。

事情是这样的：体育课上一群孩子去抢篮板球，小唐的牙齿磕破了小义的头，导致小义在医务室缝了三针，小唐的嘴唇也肿胀得老高。了解事由的过程中，小唐表示此事的过错在他，当时他因急于阻止小义三步上篮，用力过猛，才造成了二人受伤。此外，他还多次主动要求承担小义的医疗费。看着他愧疚的神情，小义纱布上醒目的血迹，我第一时间给两位家长分别打去电话。在拨通小唐爸爸的电话后，我将事情的来龙去脉和小唐对这件事情主动承担的态度都一一告知了他，没想到就发生了篇头的那一幕。

明明是公正、妥善地解决问题，为何小唐爸爸会饱含质疑？他本就是性格难以相处，还是误会了我的意思？"山不就我，我来就山。"说干就干，我决定从侧面来解决这个问题。

小唐自小父母离异，随父生活，而后父亲再婚，育有一女。考虑到他家庭关系的复杂，平日我对他格外关照，为此小唐对我颇为信赖。我请小唐走出医务室，告诉了他适才我与他爸爸的谈话内容，并请他给爸爸打一个电话，亲口告诉爸爸今天发生的不愉快及当时的详情，尤其是他的伤情和今天我对他二人的态度，然后说清楚他自己对这件事情的想法，最后客观地说说平时在校我是如何对待他的，以期消除其中的误会。

在小唐和他爸爸电话沟通的同时，我从学校安保处将孩子们打篮球的视频下载到手机，随后，我再次打通了小唐爸爸的电话。

"小唐爸爸您好！我是小唐的班主任，刚才或许是我没有表达清楚，让您误会了，抱歉哈！今天我给您打电话，主要是两件事：一是孩子在学校发生了碰撞事件，受伤了，怕您担心孩子，我应该第一时间通知您；二是俩孩子都有受伤，刚刚我已经将操场的监控视频、俩孩子的受伤照片发您微信了，您看看！如果您方便的话，我想约一下小义父母，咱们坐下来一起协商，看看如何处理。可以吗？"

小唐爸爸在电话那头沉默了些许时间，然后说："老师，我先看看，晚点给你回复。"

事实证明这是一次非常有效的沟通，当晚我就收到了小唐爸爸的微信和转账："老师，这几天我在外地出差，请您帮我把医药费转交给小义同学。谢谢老师了！"此事能有这样一个妥善的结果，我已非常欣慰。本以为事情到此已告一段落，但接下来发生的事，却让我大为感动。

我将小唐爸爸给的医药费转交给小义妈妈，却被其先后退回两次。小义妈妈接我电话时的急切不安，在医务室看儿子包扎伤口时的瞬间泪奔，对孩子细致的关切、温柔的抚摸，无不令我动容。更让我佩服的是，小义妈妈不仅心疼自己的儿子，也十分关切小唐的牙齿情况："两人既是同学，又是同桌，在一起打球，两个人都有受伤，小义吃饭都痛，小唐估计更难受。两个人都不是故意的，所以钱就不收了。老师，请您和小唐的家长说一下，也带小唐去医院看一下严重不严重，嘴巴磕脑袋，应该牙齿也松了几颗吧。其实男孩子进行体育运动，受伤在所难免，我们作为家长虽然心疼，但也希望他们在学习之余，能加强体育锻炼，这样也可以减压。多谢石老师的关心了，谢谢！"回想小义妈妈在我办公室详聊时的平静、安详，此刻她的大爱更是让我肃然起敬，同时我也意识到这是一个和小唐爸爸沟通的好契机。

我将小义妈妈的关切转达给小唐爸爸，并将医药费退还给他。小唐爸爸得知缘由后倍感惭愧，坚持将钱付给小义妈妈。辗转再三，两人都不收这笔钱。我想，用这笔钱给小唐充餐卡是一个不错的选择。小唐爸爸得知此事后，主动向我表达了谢意。

然后，我将小义妈妈的短信拿给小唐看，小唐瞬间泪湿眼眶，感动不已。他每天都主动陪小义去医务室打针，但我深知他说他接连两次使小义受伤时内心的愧疚，于是建议他在爸爸的陪同下，去小义家拜访，以增进感情。

周日的上午阳光明媚，窗外的银杏叶呈现出耀眼的金黄色，小巧玲珑，煞是可爱。在走廊转角，我看到一个和小唐眉宇相似的中年男人，寒暄后确认了他就是小唐爸爸。这是我第一次见到他，但我一眼就认出了他，我说："小唐和您简直是一个模子刻出来的，有担当。"听我这么一说，小唐爸爸开心地笑了。我感谢了他对我工作的支持，肯定了他的责任与担当，并表示他的孩子定会为有他这样一位明事理的爸爸而自豪、骄傲。他笑得灿烂，一如窗外飘飞的金黄的银杏叶。接下来，我们聊及了孩子的居家生活和在校日常，他的眼里充满了感激，临走时不忘郑重地说："那就麻烦老师您了！"

回想小唐爸爸几天前说的那句"你这个老师怎么当的"，而今当他说出"那就麻烦老师您了"，我感觉到无比的幸福。

秋风渐起，银杏叶再次飘飞，它虽失去了春夏的青涩与生机，但却因为懂得了奉献，充满了饱满的成熟，而变得更加的美丽。我想人也是这样，正因为懂得了珍惜，才如现在这般，父子情深，师生情厚，友人情浓。又是一年秋风起，爱在银杏飘飞时。

技巧点拨

英国作家赫兹里特说："谈话的艺术是听和被听的艺术。"在学校，班主任是孩子们家校沟通的桥梁，作为直接管理者，她（他）有必要发展和维系一个畅通的沟通管道。听懂他人说的话，又让自己的话被人听懂和接受，这是一门艺术。

当孩子们在校发生碰撞时，班主任忧心，急家长之所急，在第一时间将事情的始末告知家长，这是必须的，家长有知情权。但如果急于解决事情，表述的重心只侧重于某个孩子的主动承担责任，或者先入为主地给事情定性，那么在家长的心中不免会有有失公允之嫌。而作为家长，如若不曾了解事情的全貌，便主观地认定教师的为人，那自然很难心平气和地沟通。

作为家长，最信任的人自然是自己的孩子，当他对教师产生了误会，若能通过孩子来全面地了解教师，便会更立体真实。从侧面入手，通过学生，架起家长和教师之间沟通的心桥，并通过此桥多方沟通彼此，打开心结，走进对方的内心，无疑是最好的方式。毕竟，父母是对孩子最无私的人。而教师，又只希望孩子从自己这里拿走更多，更多。在爱孩子这件事上，大家的出发点是完全一致的。只有让家长明白这一点，他们才能感受到师爱如和风般轻柔，师心如母亲般细腻，师情如草原般宽广。

请让我们架起彼此沟通的桥梁，打开心结，了解在前，走向家校沟通、共同教育的彼岸，共育祖国的英才吧！

用镜头说话

王　林

已是秋天，却仍然酷热难耐，闷热的天气令人烦躁不安。忙碌的一天随着上课铃声开始了……

（一）群内起风波

上完第一节课，刚回到办公室，我班的搭档老师火急火燎地跑过来说："小王老师，快看看我们的班级群，里面炸开了锅！"怀着忐忑不安的心情，我急忙打开手机一看，群里家长的发言已经"满屏"。拿着手机在群里"爬"了几十层"楼"，我才了解了个中原因，缘于学校正在组织开展的课后服务。关于此项工作，作为班主任，我根据学校的部署已在班级家长群里作了详尽的解释，特别强调了自愿原则，让家长为自己的孩子接龙报名参加课后服务活动。原本事情进展得比较顺利，部分家长已经接龙报名，但学生阳阳的爷爷突然在群里"发难"："你们都是大老板，不差钱！拿着钱没事做去参加补课，我们农村人送不起，我是不会让我家孩子参加的，教师把课堂上的内容教好就不错了，还补课？什么九年义务教育，书反而越读越贵！"

我不禁皱起眉头寻思道：怎么又是这个家长？话说到这个份上，群里有些"唯恐天下不乱"的家长也趁机起哄，推波助澜。群里成了吐槽现场，一发不可收拾。

在此情况下我艾特了阳阳爷爷，心平气和地解释，企图先稳定他的情绪："阳阳爷爷，您好！课后服务是国家出台的政策，本着自愿报名的原则，对学生进行针对性辅导和兴趣培养……"

"哼！说得好听！钱不是随随便便就可以乱收的！这得要教育局出面给一个说法……"阳阳爷爷仍势头不减。

看着阳阳爷爷的牢骚话，我想再说已是徒劳，我决定换一种方式去沟通。

（二）私聊觅良机

于是，我把阳阳叫到办公室询问他是否真的想参加课后服务，孩子表示特别想参加，最感兴趣的就是篮球兴趣班，一说起篮球可谓眉飞色舞。

见此情景，我调整好自己的情绪拨打了阳阳爷爷的电话："阳阳爷爷，您好！我是阳阳的班主任。就您刚在群里谈论课后服务的事情，我想和您聊一聊。"

"有什么好聊的？不就是收钱补课？孩子越学越差，又不读书，补课，有什么用？……"我静静地听完他那不满的诉说，才慢条斯理地说："阳阳爷爷，我非常理解您的心情。我知道您为他着急，我和您一样为他担心。"

"这孩子成绩差得很，又不读书！难啊……"阳阳爷爷的语气明显缓和了许多。

"您的担心与无奈我理解，可阳阳还小，我认为一切都还来得及。关于课后服务您老人家也误会了，课后服务不是补课。课后服务的目的，一是辅导孩子们完成家庭作业，帮助孩子把弱科补上来；二是开展各种兴趣课，培养孩子们的爱好。孩子成绩提高了，又有一定的兴趣爱好，就会更有自信了！"

"是这样的吗？"阳阳爷爷将信将疑地答道。我趁热打铁道："阳阳对篮球兴趣班特别感兴趣，他说他特别想参加呢。"

"那些都是花花架子，不管怎么样，我家阳阳不需要，这样的补课还不如我自己给他补来得实在。"话音刚落，那边电话挂了。

事情就这样再度陷入了僵局。阳阳爷爷倔强的话语一直在我耳边回荡。

（三）柳暗见花明

窗外篮球场上，时不时传来孩子们比赛时爽朗的笑声，我茅塞顿开，这不就是最好的例子吗？

于是，每天的课后服务时间，我忙碌在校园的各个角落，用镜头捕捉发生在师生中的每一个精彩瞬间……

四年级一班教室内，我的搭档数学老师正为小明忘情地讲解"亿以内数的读法"的奥数思维训练题，眉宇间那一颗颗宛若珍珠般的汗珠不断滑落，草稿纸上已是散落的点点印记。

文学社社团教室里，只见指导老师正带领同学们沉浸在《四维阅读》的经典品读中，同学们感受着语言的魅力，品味着作者的情感，吸收着文章的营养，浸润在书香的海洋中。

乒乓球训练场上，同学们捉对厮杀，你推我挡，你攻我防，小小银球划出一道道弧线，此消彼长；呐喊声、助威声、欢呼声，响彻在球场的上空。

科技活动馆内，在航模模型、水泡幻彩、穿针引线等实践科目中，同学们动手能力得以提高、逻辑思维得到训练、兴趣爱好得到培养，他们驾着科学的小船，插上理想的翅膀，放飞自己的梦想，展翅翱翔在梦想的世界。

……

当晚，我将课后服务的特写镜头串联成帧帧视频，分享到班级家长群，期待得到家长们的反馈，更希望得到阳阳爷爷的关注。

第二天，我亦是如此。

第三天，我一如往常。

群里又恢复了"安静"，先前意见最为强烈的阳阳爷爷却没有吭声。

周五的傍晚，又到了篮球兴趣小组的课后服务活动时间。为了改变阳阳爷爷的看法，我特意拉着阳阳参加了他最喜欢的兴趣小组活动，开启了他的心愿之旅。

踏上篮球场的阳阳，犹如脱缰的野马驰骋在辽阔的草原，篮球在他的手上似有超强的吸附力。行进中，一会儿左拐、一会儿右突，一会儿虚晃一枪，一会儿又腾空而起，只见篮球在空中划出一道漂亮的弧线后，不偏不倚地落在筐内。伙伴们高举双手，为他欢呼。阳阳不断地尖喊："oh yeah! oh yeah! ……"球场上自信的阳阳与平日简直判若两人，也让我从心底为他感到骄傲。

晚上，一波又一波为阳阳的点赞让我班家长群里异常热闹，也许是让阳阳爷爷发现了孙子的兴趣所在和闪光之处，也许是让阳阳爷爷第一次感到脸上有光，阳阳爷爷终于在群里为自己的孙子竖起了大拇指，也为老师的用心竖起了大拇指！

夜深人静的时候，手机上还有信息进来，我打开一看，是阳阳爷爷在参加课后服务的接龙中写上了"阳阳自愿报名参与"的回复。我真没想到小小的影集竟然有着巨大的魔力，事情就这样顺利解决了。

一颗悬着的心终于放下了。

那晚虽然仍酷热难耐，但我心中感到格外凉爽。

技巧点拨

建立良好的家校合作关系，实现家校共育的双赢目标，需要家校双方相互理解，相互配合。但在教育留守儿童这个独特的群体时，教师面对的合作对象基本上是孩子的祖辈，沟通就成了一个较大的难题。

文中阳阳就是留守儿童，教师与阳阳爷爷的交流就是典型的家校共育思想理念的碰撞。文中问题的表面是阳阳爷爷性格古怪，借课后服务一事在群里发难，不参加课后服务，在群里引起了些许骚动，导致班主任工作难度加大；本质却是阳阳爷爷对课后服务这项新生事物不理解、不接受，对课后服务活动主观地反感与抵触。作为班主任，在尝试常规的办法达不到预期效果的时候，便另辟捷径，用镜头去记录孩子们课后活动的点点滴滴，用事实说话，用活动佐证，将孩子们陶醉于课后服务兴趣活动课的过程真实地展现在大众面前，这种直观的感受比教师的苦口婆心更能让人信服并欣然接受。阳阳爷爷被这种视频纪实说服，从思想到行动上有了主动的改变。

班主任的工作面对的不仅仅是学生，还有形形色色的家长。每个孩子背后都有一个不同的家庭和家长，这便注定教无定法、教无定数。有时打破家校沟通的固定模式，或剑走偏锋，或别开生面，可能会有柳暗花明的意外之喜，产生水到渠成的效果。

给家长一次展示的机会

蒋淑玲

一个阳光明媚的中午，疲惫不堪的我正坐在办公室小憩，耳旁突然响起了一阵急促的电话铃声。我瞥了一眼电话上的名字——琪琪妈妈，心中一震，想起往日与琪琪妈妈交往的种种，心中不免犹豫，思忖了一会儿之后，还是接起了电话。

"喂，您好！"

"老师好！我是琪琪的妈妈，我给你发了微信语音，不知道老师有没有空看消息？"

"噢，我正打算午休，没有看手机，我现在去看看。"

"好的，老师，那我们微信上聊。"

一看微信，我彻底傻眼了，50多秒的语音发了十几条，到底发生了什么？一种不好的预感随之而来。

提起琪琪妈妈，我顿时感觉到办公室的温度也陡然上升了。琪琪妈妈真是一个特别有爱的家长，从开学第一天起，她就时刻用无微不至的爱宠溺着琪琪，比如帮孩子背书包、拿东西、记作业……甚至连孩子说一声"饿了"都要来学校送饭、喂饭，凡是自己能包办的事情一件也不落下。因此我再三跟琪琪妈妈提建议：孩子已经上一年级了，家长要逐渐放手，锻炼孩子独立自理的能力。可琪琪妈妈不以为然，总是说孩子还小、什么都不懂。

最令我感到意外的是，有一次，学校的门卫李叔叔火急火燎地找到我，说有个家长总是在校门口的黑色护栏处，眼睛时刻盯着教室，他不明情况想要将家长劝走，可家长非但不走，还大声嚷嚷说一定要看着自己女儿上课，万一女儿找她拿东西，可以第一时间送过去。李叔叔听后，又耐心劝说了许久，但家长根本不听，后面得知是我班上的家长，就马上联系我，希望我能出面处理。我一听，顿感头大，这也是我第一次碰到这样的情况，再联想到她的女儿琪琪……琪琪这个小女孩也非常"特别"：开学两个月了，她竟然还没有喊我以及任课教师一声"老师"，我跟琪琪多次沟通，她基本上都是闭口不答。班上其他的小朋友基本上都适应了学校生活，可琪琪连最简单的课前准备还不会，就连自己的书包也不会整理……

  我也曾经多次把琪琪的情况反馈给琪琪妈妈，她一脸不耐烦："老师，我们家琪琪从上幼儿园开始就这样。上幼儿园时她也不喜欢开口，也从来没喊过老师的，还不照样能学知识？还有，我家琪琪宝贝刚从幼儿园上来，这些自理的事情还得慢慢学才行，不需要那么着急，只要孩子能安心学习，我们家长帮孩子做点事情也没关系的。"

  现在，当我看到琪琪妈妈轰炸一般的微信语音，心里很是惶恐。哎呀！到底出什么事了？难道是琪琪被班上的孩子欺负了？打开语音，才得知竟是一件极小的事情——孩子不会系鞋带，希望我以后多多关注孩子，如果发现孩子不会系鞋带就马上帮她系上。听完语音后，我有些茫然，家长太溺爱孩子了，我到底该如何跟家长沟通，让她明白对孩子要逐渐放手呢？

  一阵思考之后，我开始冷静下来。琪琪妈妈的溺爱也是对孩子的一种"爱"，或许我首先得让家长亲眼看到孩子目前的状况，这样家长就会明白一年级的孩子自理能力的培养是非常重要的。于是，在一个安静的午后，我很热情地邀请琪琪妈妈跟我一起观察孩子们在学校吃午饭的情况。琪琪妈妈本就十分迫切地想要看到女儿在学校的情况，自然愉快地答应了。

  午饭时间到了，琪琪妈妈跟我一起不动声色地站在教室的后门处进行观察，只见其他小朋友很自觉地端饭、吃饭，而琪琪则一个人在教室静坐着。琪琪妈妈有些着急，正想推门进去给琪琪帮忙，被我拦下了："琪琪妈妈，您先别急，先等等。"又过了几分钟，琪琪依然坐在教室里，似乎在等待别人的帮忙。班上的小班干部发现了，主动帮助琪琪端饭，还贴心地给她打开。又过了十多分钟，班上大部分小朋友吃完饭自己收拾饭盒，并擦拭好桌子。只有琪琪又开始坐在座位上，若无其事地望着黑板，丝毫没有主动收拾的意思……琪琪妈妈见此情形，脸上开始露出担忧的神色，想必也是发现了琪琪与班上其他同学的差距，但是面对我，依然想"保持镇定"。

我面带微笑，很耐心地跟琪琪妈妈介绍了班级整体的情况，也跟她说明了一年级的小朋友应该具备什么样的自理能力，琪琪妈妈听了连连点头。但是，家长只是了解了孩子的情况，我该怎么样与家长协同合作，帮助琪琪成长呢？

于是，我想了想，决定再约琪琪妈妈面谈一次。

这天，黑压压的乌云笼罩着校园，时而能听到阵阵雷声。我将琪琪妈妈约到校门口一处较安静的地方。只见琪琪妈妈脸上堆满了笑容，很热情地跟我打招呼："老师，上次非常感谢您，我到学校亲眼看到了琪琪的情况，这才明白您的良苦用心。"

见琪琪妈妈态度与之前有所转变，我想这正是一个好机会。我跟琪琪妈妈建议，请她到班上给全班孩子上一堂课，教给孩子们一些整理物品方面的方法，在课堂上让全班参与进来，感受到劳动带来的快乐。特别是，这节特殊的课，琪琪母女可以一起到讲台上做示范，琪琪不但能得到实质性的自理能力的锻炼，也能激发她的信心。

就这样，班上顺利地开展了一次"家长进课堂"活动，琪琪妈妈讲解得很卖力，亲自演示了许多整理物品的方法。在这个过程中，琪琪时不时就被邀请上台作示范，母女二人配合得十分默契。小朋友们也学得很认真，还用非常热烈的掌声表达了对琪琪妈妈的感谢，同时也用羡慕的眼神望着琪琪，那一刻，我分明看到了琪琪脸上不经意间露出的自豪……

活动结束后的晚上，琪琪妈妈激动地给我打了电话："老师，琪琪今天回家主动问我怎么整理物品，她说班上的同学都学得很认真，她也不能落后。"

"哇！那太好了！看来我们的琪琪马上会成为自理小能手了，我们一起为她加油吧！"

接下来的日子，只要一发现琪琪能主动整理自己的物品，我就对她进行表扬，班上的同学们也会为琪琪的进步鼓掌。每当有了这样的发现，我都会第一时间打电话告知琪琪妈妈，让她在家里也多鼓励琪琪。两个月后，琪琪有了明显的进步，自己的书包能收拾好了，还会主动帮同学捡垃圾……最令人高兴的是，琪琪妈妈找到我，说琪琪终于有自己的好朋友了，之前在幼儿园她可是一个朋友都没有的啊！

我很欣慰，望着远方蔚蓝的天空，几朵软糯的白云在旁边嬉戏，正如孩子们的笑脸灿烂绽放……

技巧点拨

爱孩子是父母的天性，但是爱孩子需要有一个"度"。有很多父母并不清楚怎样才是真正的爱孩子，甚至如案例中的琪琪妈妈一样，认为只要给孩子包办一切，让孩子衣食无忧就是爱孩子，而当发现孩子自理能力有所欠缺时，还会找各种理由为孩子开脱，殊不知这样的溺爱会严重阻碍孩子的健康成长。

遇到这样溺爱孩子的家长，首先要冷静下来，观察家长是出于怎样的心理给孩子包办一切。然后，班主任与家长一起观察孩子在集体中的表现，发现其差距所在。接着，班主任应该与家长进行耐心、诚恳的交流，告知家长不同年龄段的孩子应该具备什么样的自理能力。最后，创造一次给家长展示的机会，让家长亲自参与到学校的环境中，与班主任相互配合，给孩子充分的信心和鼓励，激发孩子内在的意识，真正愿意主动去改变。看到孩子的改变，家长肯定是乐于接受且支持的，这样与家长沟通比传统的"说教式"沟通更有效。

减少交流的敌意

唐曙光

新学期开学不久,我发现一向阳光的小航变了,变得不爱说话了,走廊里也少了他爽朗的笑声。他上课无精打采的,作业不交,早晨还经常迟到。

我很纳闷,找他谈心,他欲说还休:"唐老师,每天作业有点多,每次都要做到十一二点……"考虑到初中比小学课业负担重,我当时并没深究。

不过,我还是把小航退步的情况跟他爸爸进行了汇报。手机那头很快给了回复:"唐老师费心了,我知道了,我会和他妈妈加强教育。"可几周过去了,小航不见好转,人变得更颓废了。

我很是着急,再次把小航同学叫到办公室,亲切地说:"小航同学,近段时间表现不好,是什么原因呢?家里发生什么事了吗?你原先可是学习很积极的啊。"他耷拉着头,眼神有点游离,不敢正视我。

"我妈妈给我买了一台老年机,说是晚上有事联系他们。"小航边说边流泪,"她经常出去打麻将,很晚才回,爸爸也常年在外开车很少回家,给他打电话,他匆匆说几句就挂断了。我晚上孤单无聊时就玩手机游戏,一玩就控制不住……"小航满脸委屈。我拉着他的手安慰道:"小航同学,男子汉不哭。你好好学习,唐老师帮你想想办法,劝你爸妈多陪陪你。"

"忙碌"的家长,"孤独无依"的小孩,亲子之间形成了厚障壁。我提醒自己要尽快行动起来。

到小航家家访后,从他妈妈口中得知:她从小溺爱小航,小航根本不怕她,他们在一起不是吵架就是沉默。她也知道孩子变懈怠了,但只是干着急想不出办法,孩子只听他爸爸的,可爸爸很少回家。小航妈妈的眼神尽是茫然。

家访后,小航的情况并不见好转,他现在就像一匹脱缰的野马,肆意驰骋。

"孩子只听他爸爸的",小航妈妈的话在我耳边回荡。我多次向他爸爸发出信息,希望他能配合学校一起教育孩子。

"小孩近几天没交作业,上午第一节课就打瞌睡,习惯基本上变坏了。"手机那头回复:"知道了。"

"小航今天跟学生吵架,把学生的手指头都弄出血来了,你能回来处理一下吗?顺便见一下小孩。"手机那头:"学校该怎么处理就怎么处理!赔钱找他妈!我忙!"

"小航爸爸,今天有同学看见小航跟社会上的人走在一起,我们急需你回来一起教育小孩……""让他去混吧,我管不了了!"我仿佛看见手机那头小航爸爸怒不可遏的样子。

接着我的手机又"叮咚"一声:"怎么我小孩那么多事!家长教育不好,你们学校也教育不好吗?……"

"啪!"我的耳边好像突然响起了对方手机重摔在地的声音,声音隔空瞬间滑入我的耳道,冲撞着耳膜,激发着血液在血管里四处奔突,重击着我脆弱的心脏……

想起近段时间对小航的关切,结果换来这"温暖"的回报,我瘫坐在办公室里,一动也不想动。

一个星期后,我才缓过神来……

恢复了"元气"后,我继续给小航爸爸发信息。"小航今天语文作业没交,后来在办公室补做了,大部分做得还可以。"手机那头无声。

"小航今天下午为班上搬书,满头大汗的,同学们都表扬了他。"手机那头依然无声。

"小航今天参加运动会100米短跑赛,他跑了年级组第二名,为班级赢得了荣誉。"同时配发了小航抱着奖杯的照片。不久,手机屏幕上跳出一行字:"小孩从小就喜欢运动,这是他的特长。"

"小航期中考试前进了20名。""小航今天上课解答出了一个数学难题，全班只有 5 名同学会做。"……手机那头陆续回了信息："好，有进步就好！""他喜欢争强好胜，像我的性格，呵呵。（一个玫瑰表情）"

"小航爸爸，下周五年级组要举行生地会考百日誓师仪式，您可否回来给小航鼓劲加油？每个家长都要求参加的哦。""我考虑下，我找不到人替班。"小航爸爸回复道。

"生地会考可是人生第一大考，事关中考能否升入理想高中，小航一直在进步，你可别误了他的前程啊。"我继续发送信息。

手机那头很快给了回复："我请假回来。"

百日誓师仪式上，小航爸爸一直在翻看着小孩写给自己的家书，他时而低头沉默，时而仰头叹息，时而又把小航揽入怀里……后来得知，小航在信中这样写道：

我最最亲爱的爸爸，我想你了！

每天晚上都在想你，你什么时候能回家呢？

小学时，每次回家都可以吃到你做的可口的饭菜，但现在饭菜难以下咽……每天晚上，你都会陪着我做作业，但现在我是孤身一人……我经常跟妈妈吵架，她打麻将很晚才回，房间空荡荡的，我好害怕……

得知下周举行生地会考百日誓师，你可能会回来，我心里一直很高兴，心里有好多好多的话想跟你说呢……外面开车也很辛苦，很危险……你快回来吧，回来后就不要再走了，陪陪我，陪陪妈妈，让我们再回到从前那个既热闹又温馨的家吧，好吗？

你在外工作期间，唐老师给了我很多帮助和鼓励，关心我的学习，关心我的生活，为了我，他操碎了心，也受了不少的委屈，你跟他见面时一定记得跟他说声"谢谢"啊。我也向你保证，你回来后我一定会好好读书，把生地会考考好，考上好的高中来报答你。

爸爸，快回来吧，航儿盼着誓师大会上能见着你……

感恩仪式上，当小航向爸爸三鞠躬后，父子俩紧紧地抱在一起，儿子在不停地哽咽，父亲眼中也泛着泪光。

散会后，父子俩来到我的办公室，父亲低声说："唐老师，对不起，感谢您对我孩子的教育，感谢您一直没有放弃我的小孩！两年来，小孩给您添了不少麻烦……我对小孩关心不够，没有尽到一个父亲的责任，真是抱歉。我还冒犯了您，请您原谅……接下来这段时间，我会请假在家，全程陪同小孩，直到生地会考结束。"

望着他们相拥而去的背影，我心潮澎湃，眼睛也逐渐模糊了起来。

当天晚上，手机"叮咚"一声："唐老师，经过家庭会议讨论决定，我爸爸生地会考后辞掉外面的工作，打算在市内开公交车，他说他要天天盯着我直到中考。哈哈哈哈……您的可爱的学生：小航。（笑脸表情）"

"好的，恭喜你小航，马上初三了，唐老师也希望你能尽快找回从前的自己，阳光自信，踏浪前行。愿你学业有成，家庭幸福，中考大捷！"

写完这条信息，我长舒一口气，摁下了发送键。

技巧点拨

学校、家庭、社会三者在孩子的教育成长中都承担着相应的责任，三者相辅相成，相互促进，缺一不可。孩子的习惯养成、性格的塑造以及品质的培养都跟父母的家庭教育有着非常大的关系。家长是教师教育活动中最重要的盟友。

可爱的小航同学进入初中后，因爸爸长期在外工作产生了距离上的疏远和沟通上的不畅，导致情感缺失；妈妈虽在身边，双方却不愿交流，咫尺天涯，形同陌路。小航变成了一匹肆意驰骋的脱缰野马。班主任家访后，发现效果不理想，想方设法通过手机与爸爸尽力沟通。爸爸借口工作忙、路途远不愿到校配合教育，甚至把孩子教育不好的责任推卸给学校，并产生了交流上的敌意。

班主任巧妙采取措施，不辞辛劳地向手机那头"多报喜，不报忧"，满足家长欣赏孩子优点的荣誉感，提升家长对孩子的期望值，终于把对孩子放任不管的爸爸拉回到主动参与教育孩子的活动中来，有效地化解了沟通难题，减少了交流敌意。

唐老师还借力誓师仪式中的家书和感恩环节，传递爱意表达，拉近父子距离，消除沟通壁垒，促使爸爸主动关心孩子，主动与孩子沟通，与学校沟通，为孩子成长创造了良好的环境。

　　减少交流敌意，畅通沟通渠道，成就孩子幸福人生！

让家长与孩子共读一本书

曾洁芸

12月的第一天，难得阳光和煦。下午第一节课已开始上课，小博还未到校。

我有些着急，拨通了小博妈妈的电话："小博妈妈，第一节课已经上课五分钟了，小博还没有到学校，听同学说他玩游戏去了！"

"他一吃完饭就出门啦。又玩游戏？这孩子以前从不这样的，怎么这个学期变化这么大呀？"电话那头，小博妈妈有些不耐烦。

小博这段时间的表现让我心神不宁。每天下课铃一响一溜烟就跑走了，下课专玩危险游戏，告状的同学络绎不绝。

我急切地说："请您现在马上到学校来一趟，我们需要当面聊聊！"小博的爸爸妈妈开了家汽车维修店，每天早出晚归。想约到这位90后妈妈可真不容易，每次约好来学校沟通，她要么出门跑业务，要么在店里接待顾客，要么家里有急事……总之，每次邀约她，都因诸多理由无法赴约。该如何让家长重视起来呢？这一直是萦绕我心头的难题。

"这次一定要跟小博妈妈好好谈一谈。"正想着，小博妈妈的电话拨过来了。我跑到校门口去接她，只见小博妈妈穿着一身粉红色套装，个子不高，额头前留着齐刘海，一直低着头在不停地按手机。小博妈妈看到我，眉头紧锁地说了一句："这孩子又闯祸啦！低年级的时候表现挺好的呀，怎么现在越来越差了？"

想到小博的种种表现，我深知没有家长的支持是很难教育好孩子的。我想起了卡耐基说过的话：如果你是对的，就要试着温和地、有技巧地让对方同意你；如果要使别人喜欢你，如果想让他人对你产生兴趣，就要谈论别人感兴趣的事情。

我深呼吸，心平气和地说："小博妈妈，孩子的教育需要老师和家长共同努力，家庭教育对孩子的成长至关重要。孩子进入四年级了，身心发展跟一二年级有了很大的不同。我们不能再拿以前的标准来衡量孩子了。这孩子其实聪明得很，学习一点就通，平时搞卫生也特别积极。"小博妈妈严肃的表情有了一丝缓和。

我带小博妈妈走进了办公室。"他是挺聪明的，平时也很会哄我开心，就是太贪玩了。"小博妈妈提起儿子时柔和了许多。这时小博大摇大摆地进来了，丝毫没有做错事的样子。他大喊了一声"妈妈"，仿佛找到了救命稻草，甚至还有了要撒娇的趋势。

"你今天又玩游戏去啦？""我没有！"小博委屈的眼泪喷涌而出。小博妈妈看到宝贝儿子，眼里满是心疼，之前那股怒气早就没了。本想跟小博妈妈一起教育孩子，没想到小博妈妈没有跟老师统一战线。办公室只剩下我跟小博的对话声。

我看着小博妈妈那关爱的眼神，心想难怪小博总不怕家长，原来早就知道怎么对付妈妈了，看来只有转变妈妈的观念才能真正改变小博。

我让小博先回教室，诚恳地对小博妈妈说："小博妈妈，孩子犯了错一定要让他承认并改正错误，一味地迁就他只会让他变本加厉。"

"我认为孩子现在还小，没必要太严厉，等他大点儿就懂事了。"小博妈妈依然不为所动。

我给小博妈妈推荐了经典绘本《我永远爱你》中的一段经典对话：

阿力："如果我把枕头弄得羽毛满天飞，你还爱我吗？"

妈妈："我永远爱你，不过，你们得把羽毛收拾起来。"

阿力："如果我把画画的颜料洒在妹妹身上，你还爱我吗？"

妈妈："我永远爱你，不过，你得负责给妹妹洗澡。"

"爱孩子和立规矩从来不是单选题。在家里你们可以是朋友，但是规矩必须立，有些责任，必须孩子自己担着。"听了我的话，小博妈妈似有所动。

"小博妈妈，教育孩子要有爱有原则。父母不能帮孩子逃避，而应该要求孩子为自己的错误言行承担后果，让孩子有面对错误的诚实和勇气啊。"小博妈妈若有所思地说："我平时比较放纵他。"

"小博还有个妹妹吧？"我问道，"晚上可以陪两个孩子读一读书，免得孩子总想玩游戏。"

我轻轻叹了一口气，从一沓高高的周记本中找到小博的周记，里面的文章虽然字迹写得不是很工整，但是有一句话我特意读给小博妈妈听："我最喜欢跟妈妈一起读书，因为妈妈特别忙，只有读书的时候才能陪我。我有时候故意不听话也是希望妈妈能多陪陪我。"小博妈妈脸上闪现出一副不敢相信的神情。

我朝她笑了笑，向她发出了邀请："小博妈妈，最近我们班上在举行亲子共阅打卡活动，小博特别期待，想邀请您参加。"我微笑着对小博妈妈投去期待的目光。"我平时很忙的……"一说到这，小博妈妈眼神开始躲闪。

"这孩子的可塑性很强，成绩本来可以拔尖的，可别让他继续这样贪玩下去了。我们要统一战线，慢慢改变他的坏毛病才行啊。"我眼神无比坚定地对小博妈妈说。

"老师，我努力试试吧！"小博妈妈努力挤出一丝笑容。

那天晚上，我在班级群看到小博妈妈陪两个孩子读书的照片，小博妈妈表情有点害羞。

那个月我们班的共阅书籍是沈石溪的《狼王梦》，小博妈妈给我打来电话说："孩子特别喜欢看这本书，说书中的母狼紫岚的母爱让他特别感动，也体会到妈妈工作的辛苦。"我鼓励小博妈妈，趁着这次亲子阅读给小博立好规矩，不要半途而废啦。小博每次央求要玩游戏的时候妈妈都坚定地拒绝了，陪着他慢慢地阅读他喜欢的书籍。每日30分钟的亲子阅读成为他们日常相处的常态。

"孩子要学习，我们作为家长也要以身作则，不断学习吧！"后来我在小博妈妈朋友圈，看到了她写的阅读感受，知道她正尝试着转换跟孩子的沟通方式，我心里不由涌起了一股暖意。

后来，我收到小博妈妈发来的一个读书打卡视频，视频中她正在给两个孩子读《图书馆狮子》这本书，启发孩子遵循规矩的好处。

"一头狮子,进入了图书馆。它在馆里走了一大圈,嗅嗅目录盒,蹭蹭书架,趴在故事区睡觉,跟孩子们一起听故事,不吵不闹,人们都很喜欢守规矩的狮子,把它当馆内最舒服的靠垫……"视频中小博正认真地跟妈妈一起读书,之后再也没有因为玩游戏而迟到了。

一个学期在不知不觉中结束了,我在灯下翻阅着我们的班级作文集《璞玉》,翻到小博的文章我感慨万千。璞玉是指蕴藏有玉的石头。每个孩子都是一块璞玉,要想成为好玉还要雕琢。家长都是孩子这块璞玉的发现者和雕琢者,只有通过不断地细致研磨,才能打造出散发迷人光彩的独一无二的美玉。

技巧点拨

许多家长在孩子的教育问题上是放养的姿态,给学校教育带来较大挑战。文中的小博妈妈是个年轻的 90 后家长,她特别宠爱孩子,但是不知道给孩子立规矩,因忙于赚钱而对孩子的缺点视而不见。沟通伊始有些受阻,老师及时调整沟通方式,通过经典故事和案例,引导家长爱孩子的同时也立下规矩,让孩子学会自我负责。

改变家长的观念后,教师第一时间观察到孩子对书本的兴趣,通过孩子的周记让家长看到孩子的内心,鼓励家长排除万难,每晚抽出时间与孩子共读一本书,通过每日经典故事启发孩子遵循规矩。与孩子共读一本书,让孩子的灵魂骑在纸背上,在简单而自由的温暖中,让孩子快乐地徜徉在书的海洋。渐渐地,孩子沉浸在书中,改变了玩游戏的坏习惯,家长也通过共读一本书与孩子共同成长。

PART 2

第二辑

归途有风——让家长看到希望

奔向家的归途,不管多晚,只要心中有月,便不惧黑暗;只要归途有风,便一苇杭之……

写一封家书

宋耀远

5月末的一个晚上,我查完寝室,已是深夜11点多了。君子湖边,昏暗的路灯,是渴睡人的眼,欲明还休,一闪,一闪,让本是漆黑的荷塘多了一丝光影里的魅惑。这个时候,纵然荷叶田田,终究无月,疲倦已让我没有了"冷香飞上诗句""留我花间住"的雅兴,我逃离似的走上归家的路,脚步踉跄而又急促。

转过小巷,迎面望见家门口妻为我留着的一盏小路灯,我几乎小跑着踏进那柔和的光里。正要开门,手机铃声突然响起,我心里微微一震,这么晚的电话,一般是有急事。果然,一个惊惶的声音从电话那头传来:"老师,嘉嘉又离家出走了!到现在都还没回家,我出去找了几趟也没找到。您能不能帮我问问班上的同学知不知道他去哪儿了啊?"

那是嘉嘉妈妈的电话。嘉嘉又离家出走了。我停下了转动钥匙的手,不由得握紧了手机。"这孩子真是一点都不体谅我,知道家里事情多,还天天整出这些幺蛾子,真的太不懂事了……"电话里,嘉嘉妈妈用了一种呜咽的颤音,抖抖索索地述说着,我心里紧张地盘算着怎样才能尽快找到嘉嘉,转身奔向学校。

嘉嘉妈妈是一个失去了丈夫的女人。原本性情和柔的她在丈夫去世后,谢绝了所有前来说媒的人,一个人撑起了风雨飘摇的家。每当有人说"嘉嘉妈,你这么年轻,长得也好看,为啥不再找个人呢",嘉嘉妈便沉了脸,咬着嘴唇,低了声音:"我不想让孩子受委屈……"人们听了她的话,也就讪讪地走了。我相信那些邻居们的话是真的。每次,嘉嘉妈打来电话,说了嘉嘉的各种顽劣后，都会哭诉自己的各种不幸，再补缀一句："我也是不想让孩子受委屈……"

深夜的校园，路灯昏暗，树影斑驳。我敲开男生宿舍的门，叫醒了嘉嘉的好朋友小志，打听嘉嘉的下落。小志思索了一会儿，说："老师，嘉嘉可能在他家楼下的那条小巷子里，您让他妈妈去那里找找吧！我以前听嘉嘉说过，他心情不好的时候就会去他家楼下的小巷子里坐一会儿。这次估计也在那里。"

我赶紧打电话告知嘉嘉妈妈。十分钟后，嘉嘉妈妈告诉我，已经找到嘉嘉带他回家了，我的心暂时放了下来。洗完澡躺在床上，我辗转反侧，难以入眠，心里一直在想，怎样才能让这对母子的关系重回正常状态呢？

第二天，我把嘉嘉叫到了办公室，问他："你觉得你妈妈辛苦吗？"他回答："很辛苦。""那你为什么还要离家出走给妈妈添麻烦呢？"嘉嘉咬了咬嘴唇，说："我觉得在家里很压抑。妈妈总觉得我学习成绩不好，在学校没努力读书，总爱抱怨我，我做什么事她都不满意，从来不听我说话。"我问："那你想对妈妈说什么呢？"嘉嘉沉吟了一下，低着头小声说："我……说不出来。"他的回答，在我意料之中。我拿来纸和笔："那你写下来吧！"半个小时后，他把写好的字条递给我，只见上面写着："爸爸去世后，我感觉天都塌了，心里一片茫然，学习也总是受到影响，越着急越学不好。我希望妈妈能帮帮我，可是她那么忙，而且越来越忙，越来越辛苦，脾气也越来越不好。我希望自己能变成一个真正的男子汉，能够担起家庭的重担，让妈妈少承受一点压力，重新变回以前温柔的、慈祥的样子。然而我现在还没有成为这样的人，也达不到妈妈的期望。我知道她对我很失望，我也对自己很失望，但是，我很希望她能给我哪怕一点点肯定，我一定会努力变成她所期望的样子。"

字写得很工整，一笔一画都很用心，字里行间似乎还有隐约的泪痕。读着嘉嘉的心里话，一个主意在我心中慢慢形成了。

下午放学后，我来到嘉嘉妈妈摆摊的地方——一个麻辣烫小吃摊。正值放学，摊前围着一群小学生，他们嚷嚷着各自要买的小吃，很是嘈杂。嘉嘉的妈妈一直微笑地答应着。尽管有些手忙脚乱，她还是不厌其烦地向小顾客们确认要吃什么,要几串,要甜的还是咸的,要不要辣椒,要微辣、中辣还是特辣。有的小学生下单之后,中途又换成其他的,嘉嘉妈妈始终微笑着一一答应。直到小顾客们都心满意足地离开了,我才走了过去。嘉嘉妈妈一看到我,就急着问我:"宋老师,是不是嘉嘉在学校又惹出什么麻烦来了?这孩子,没一天安生的日子!"

我知道她又先入为主了,赶紧止住她:"没有没有,这两天嘉嘉表现得不错,我就是想找您随便聊聊,您不要紧张。"

"我还以为他又犯了什么事呢!"嘉嘉妈妈不好意思地说。

"我看您生意蛮好嘛!那么多学生七嘴八舌,您还那么清楚地问他们口味,那么有耐心。"我说。

"没办法,顾客是上帝嘛,肯定要耐心点,多问、多交流才不会弄错他们想要什么。再说,都是学生,更要让他们满意嘛!"嘉嘉妈妈说。

我笑着说:"同样是学生,您跟嘉嘉说话的时候有没有这样的耐心?"

嘉嘉妈妈听了一愣,有点不好意思地说:"那没有,自家孩子又不是顾客,说那么多干吗?确实没那耐心。"

"您对嘉嘉的要求很高吗?"

"我对他能有多高的要求?他现在放了学老老实实回家我就谢天谢地了!一天天不知道脑子里在想什么,问他他也不说,一副要死不活的样子,看着就来气。我每天工作累得要死要活,他一点都不知道体贴我,就会给我找麻烦。"嘉嘉妈妈情绪激动起来,语气也比较尖锐。

"嘉嘉从小就这么内向,这么任性吗?如果不是的话,您想想他从什么时候开始变的?"听了她的抱怨,我刻意引导她回忆幼时的嘉嘉,也尽量让她的语气轻柔一点儿。

嘉嘉妈妈愣住了,半天才回过神来。"他爸爸在世的时候,他性格还挺活泼的,跟我也亲近,想要什么、想去哪儿都会主动跟我说。他爸爸去世之后,他就开始变了,干啥事都不起劲儿,话也说得少了,有什么事也不跟我说。"说到这里,她有点哽咽了,"他爸爸去世对他的打击太大了!"

我想,此时她应该也意识到,嘉嘉也同她一样承受了失去亲人的巨大痛楚,于是我把嘉嘉写的字条递给她:"是啊,您和嘉嘉都挺不容易的。我觉得您应该停下来,耐心地和孩子好好谈谈心。他爸爸去世后您压力大,但嘉嘉的心理压力也不小,理解应当是相互的。"

看完字条,嘉嘉妈妈眼眶红了,哽咽地说:"宋老师,谢谢您,让我能了解到这孩子在想什么,我一直以为他一点都不懂事,现在看来我和他确实缺少了沟通,误解了他。他爸去世后,我脾气更差了,说话语气也比较硬,可能无形之中伤了孩子的自尊。"

"是的,和孩子要多沟通交流,多倾听他内心的想法,您如果控制不了自己的情绪,或者觉得面对面跟孩子谈心别扭的话,也可以像他这样,采用书信的方式沟通,更能了解彼此的真实想法。"我适时建议道。嘉嘉妈妈欣然应允。

看着眼前的嘉嘉妈妈,晚风吹乱了她的发,岁月憔悴了她的容颜,我心里突然觉得酸楚。想起她说的那句话:"我也是不想让孩子受委屈……"我不由得对这位家长产生了由衷的敬意!

回来的时候,夜幕已漆黑。蓦然想起那首《归途有风》:

请让风声/带我回家/让它告诉我/抉择多难/都已做过/不问得失/无悔对错/让月光/带我回家……

是的,奔向家的归途,不管多晚,只要心中有月,便不惧黑暗;只要归途有风,便一苇杭之!嘉嘉妈妈,这个把一切苦难都独自承担的人,一定会带着她的孩子,好好回家。

技巧点拨

一个柔弱的母亲,为了孩子而选择肩撑日月,咽下所有生活的苦;一个孤独的孩子,心疼母亲却无法表达,困守在自己的心曲里。生活的艰辛让母亲藏起了内心的柔软,唯有披上锋利的铠甲,才能抵抗风雨的侵袭。而这些岁月的棱角却恰恰成了嵌在骨肉里的倒刺,一触碰就疼,就伤,不仅伤了自己,也伤了想要靠近依偎的孩子。

在嘉嘉妈妈的抱怨中,班主任老师体会到了一个失去丈夫的母亲对孩子的恨铁不成钢。因为忙碌劳累,嘉嘉妈妈没能耐心倾听孩子的心声,反而因为孩子没有达到自己期待的目标，而一味地愤怒埋怨。在嘉嘉的沉默和他的自白中，班主任老师看到了一个单亲家庭孩子的痛苦和渴望，也体会到嘉嘉面对日益陌生的母亲的无助。母亲的忽略和埋怨让孩子逐渐失去了对她的依赖和信任。本是相依为命的母子，却因为缺乏沟通、交流，感受不到彼此的关爱，以致关系僵硬。久而久之，负重前行的孩子在日渐隔阂的家庭关系里成为了一座孤岛。

  一次实地考察，麻辣烫小吃摊旁，嘉嘉妈妈对每个孩子不厌其烦的耐心，让班主任老师看到了她依然柔软的内心。只是生活的严苛让她的柔软被层层包裹，不易被窥见。如何让她在自己最爱的孩子面前卸下犀利的铠甲，还原一个柔和的母亲？班主任老师让他们用传统的书信方式进行沟通交流。因为书信交流有它的独特魅力，可以充分地表达自己的心情和想法，也会给自己和对方留出一些空间，并且还会有等待的时间。书信就是班主任老师递给这对母子的用于打开心扉的钥匙，让他们母子俩得以了解彼此的真实想法，感受到彼此之间藏在心底的爱，从而成为彼此的支撑和前进的动力，让家重新变成温暖的港湾。

大自然是最好的课堂

姜灵妍

第一次见小怡的妈妈，她穿着一袭红色的长款羊绒大衣，站在门外，逆着温暖的阳光，像极了一副嵌在框里的画，那么明媚生动！

"老师，对不起，给您添麻烦了！感谢您对小怡的关心！小怡从广东转回老家上高中，我们又在外面工作，平时只能靠电话联系，她可能需要一个适应的过程……"小怡妈妈握着我的手，说着抱歉和感激的话，她言语生动，声音里有阳光的热烈和清透。

那一刻，我的脑海里闪过了小怡苍白的面容，我有些惋惜，妈妈的明媚和热烈并没有遗传给小怡，更没有在小怡的成长中为她描摹一片明媚的色彩。对孩子所经受的内心苦痛，妈妈也浑然不觉，只是一厢情愿地认为，小怡只是暂时不适应高中生活……

我深深地记住小怡，缘于三次月考前，小怡满脸苍白，有气无力地来请假，第一次是头疼，第二次是胃疼，第三次是肚子疼，三次月考小怡都没有参加。为了更好地帮助小怡，我们有过深入的沟通，面对我的轻声询问，小怡没有躲闪，她只是低着头，双手绞着衣角，然后低声却诚恳地向我道歉。小怡告诉我，她没有生病，只是害怕考试，每次临近考试，她都会感觉浑身不舒服，忽而这里疼、那里热。我知道，当人的精神长期处在焦虑状态时，感知也会出现错觉或臆想。我扶着小怡的肩膀，关切地安慰她。谁知，我的安慰却勾出了小怡的眼泪。她哽咽着说，每次考试，妈妈都拿"别人家的孩子"跟自己比较，这么多年，"别人家的孩子"就像影子一样追随着妈妈，像恶魔一样紧紧地缠着自己，无处遁逃……

"小怡的表姐也在上高一，我们在家庭群里也常常关心和讨论孩子们的学习近况，小怡的表姐比小怡厉害多了，她在火箭班，这几次月考次次名列年级前茅，我常常教导小怡要向表姐学习……"小怡妈妈的话，打断了我的回忆。她兴奋地谈论起了小怡的表姐，言语里满是骄傲和羡慕。"别人家的孩子"的光芒太过耀眼，都刺痛了我这个外人的双眼。

小怡的父母同天下许多父母一样，怀着"望子成龙，望女成凤"的美好愿望，用"别人家的孩子"给小怡树立奋斗的目标，他们想用这种方式激励小怡。可他们不知道，每一个孩子都是不一样的。对像小怡这样乖巧懂事、性格内向的孩子，常常念叨着"别人家的孩子"不仅不会起到激励的作用，还会深深地刺伤小怡的自尊和自信，甚至影响正常的学习生活。

德国心理学家海灵格说："爱，只是一粒种子，并不能改变土壤。"小怡就是那一粒种子，她的母亲才是土壤，想要小怡茁壮地成长为一棵树，需要土壤给予种子足够适合的温度和滋养。

我和小怡妈妈走出办公室，信步来到校园的草坪上。我们踩着鹅卵石，行走在泠江河畔，一排排杨柳迎风摇曳，垂下的柳枝像姑娘的秀发，拂过我们的脸颊，温柔而舒适，它们在春的光华里谱写着一曲曲温柔甜美的曲子。

我们踏着青青的石板，迎面走来了一排排青松，它们像钢钉一样扎根在土地上，像铁塔一样傲然屹立在大地上，狂风暴雨未曾让它们低头，朔风大雪未曾压弯它们的腰，它们年复一年用钢铁般的意志抒写着一段又一段铁骨铮铮的传奇。

……

"一中的校园可真美丽！"小怡妈妈忍不住"啧啧"赞叹。

"如果一中校园里只栽种青松，你所到之处，目力所及都是挺拔的青松，你觉得美不美？"

"美是美，就是太单调了！"小怡妈妈不假思索，脱口而出。

"是呀！青松挺拔，柳树温柔，荷叶亭亭，桂树飘香，古樟如盖，小草柔韧……大自然中的每一样物种，没有优劣之分，它们各有特色，各放异彩，才组成了这多姿多彩、五光十色的世界。孩子们就像这个多姿多彩的大自然，小怡有自己的优秀，表姐也有她自己的不足，做家长的往往看不到自己孩子的优点,甚至常常拿孩子的缺点跟别人的优点比,就像我们拿柔美的柳树与挺拔的青松比较,拿默默无闻却坚韧无比的小草与绽放枝头艳丽却娇弱的鲜花比较。"

"老师,您说得对!小怡就是我的贴心小棉袄,常常帮我干家务活,偶尔心情不好,小怡都会察言观色,还来开解我……"小怡妈妈骄傲而动情地细数着小怡的贴心懂事。

"是呀!小怡也很优秀,她并不比别人差!您总能一眼就洞察到'别人家的孩子'的优点,却对小怡的长处视而不见;您不遗余力地夸赞'别人家的孩子'的优秀,却吝啬给小怡一句真心的赞美。您试试把小怡当成'别人家的孩子'来看待,多发掘小怡的优点,小怡学习的自信心就会越来越强,她就不会害怕考试,更不会一到考试的时候就身体'不舒服'。"我和小怡妈妈和颜悦色地聊着,至此,她才明白了小怡种种"不舒服"的表现都是因她而起,她后悔自责,深感抱歉。

许多人都曾经或者一直活在"别人家的孩子"的阴影里,我们与"别人家的孩子"的距离,犹如坐旋转木马,他们永远在前面奔跑,而我们的整个人生都在他们的身后追逐,他们永远站在镁光灯下,而我们却活在他们的阴影里。但愿从今天起,小怡的勤奋努力加上妈妈如阳光般明媚的赞美鼓励,能让她走出"别人家的孩子"的阴影,活成原野上的一棵树,勇敢无畏地去迎接生活的馈赠……

技巧点拨

有一种爱,是土壤对种子的包容和接纳。因为有土壤的博大,种子可以自由地舒展;因为有种子的依赖,土壤便不再贫瘠。人世间,母亲与孩子,不正是土壤与种子的关系吗?老子在《道德经》中说:"是以圣人处无为之事,行不言之教。"不言不议不说的大自然就像圣人一样默默地伫立在那里,智慧的人才能读懂"一花"里的"一世界","不言"里的大智慧。

小怡每到考试便感觉身体不舒服,心里的苦痛无法对最亲的母亲倾诉;而妈妈本是深爱着自己的孩子,却错误地把"别人家的孩子"挂在嘴上,可她不知道，自己这种激励方式，慢慢地蚕食着小怡的自尊和自信。小怡，本该活成原野上自由生长的一棵树，而今却在"别人家的孩子"的阴影里消耗着自己的希望与勇气。小怡就像一颗失去了土壤滋养的种子，日趋羸弱；而妈妈则像失去了种子反哺的土壤，日渐贫瘠。

古色古香的校园里，温柔的柳枝、遒劲的青松、坚韧的小草、亭亭的荷叶……一派争奇斗艳、欣欣向荣的景象。班主任老师陪同小怡妈妈在五光十色、多姿多彩的大自然中徜徉，领略到了万物不一样的美，读懂了来自然的启示：自然万物，各安其时，各成美好。

每一个生命都是独特的，都有不一样的美，发现孩子的美好，精心培育，孩子才能健康茁壮地成长！

让家长看到光

唐宜琴

校园的春天是多么明媚呀，充满郁郁葱葱的绿色，鸟儿的欢歌，孩子们琅琅的读书声……下早自习了，我满心欢愉地走出教室。

推开办公室的门，一个身材娇小、打扮精致的女人见我进来，扯了扯裙角，理了理刘海，缓缓站起身，小心翼翼地问道："您是唐老师吧？"

我急忙迎上去热情地招呼着："是的是的，小雨妈妈，您请坐。"

招呼她坐下，给她倒了一杯热水，我也搬了一把椅子，在她对面坐着。她显得有些拘谨，一双迷人的眼睛里带着淡淡的惶惑与忧伤，脸色苍白，真是"我见犹怜"！我的心突然也柔软了，情不自禁地把椅子挪到离她更近的地方。

"老师，孩子是不是在学校给您添麻烦了？"我俯身侧耳，才勉强听到她说的话。只见她不安地来回搓着手，紧蹙着眉头，眼睛游离着不知该看向何处，气氛一度陷入尴尬，我决定先寒暄几句。

我微笑着看着她，轻声说："小雨是个懂事的孩子，对老师很有礼貌，自己的事自己做，很有主见，像个小大人。我很喜欢她。要是我也有个这样的女儿，该多好呀！"她腼腆地笑了笑。看到她的眉头渐渐舒展开来，我才决定慢慢进入正题，打开这几日的困惑。

最近小雨一下课就黏着我，要我给她的"创作"作些点评。孩子有写作热情，我心里特别欣喜。她的文字是这么写的："昨夜我做了一个可怖的梦，梦里我被一个怪物扼住喉咙，无论我怎么挣扎也无济于事……"第一天，我读到孩子的"创作"还夸孩子想象丰富。"噩梦又来纠缠我了，我掉进了万丈深渊，拼命地呼喊，竟没有人能听到我的声音……""我被什么东西扔进一个黑匣子里，四周的黑暗要把我吞噬……"第二天，第三天，读着小雨的"创作"，我不由地毛骨悚然起来，心里一股寒意直冲背脊，这个年龄的孩子怎么总做这样的噩梦？我很纳闷也很忧心，才有了今天的约谈。

"小雨很喜欢写作，写的文章很有文采。她是不是很喜欢读书？平时都喜欢读些什么书籍？"我试探性地打开话匣子。

"她什么书都会读一些，特别喜欢看《繁星》《春水》《飞鸟集》，还有那些文学杂志她也会看。"小雨的妈妈脸上渐渐露出几分欣喜之色。

排除了文风的模仿，我想那可能是生活中有过愁云的笼罩。

"您工作很忙吧？有时间陪伴她，照顾她吗？"

"还好，工作日比较忙，周末还是有空的。我女儿很懂事，她照顾我还多一些……我心情不好时，都是她开导我呢。"她的脸上露出幸福的微笑。我表面上挤出一丝笑容，但心里却浮现出孩子过于乖巧的模样，抑郁的眼神，同样煞白的小脸，心里被什么压得喘不过气来。

"孩子总做恶梦，您知道吗？"

小雨妈妈惶惑地看着我："好像是的，她经常会被惊醒，老师您怎么知道的？"

我没有回答她的问题，试探性地问道："家庭的一些变故会不会给孩子带来一些阴影？"小雨妈妈有些局促不安，难为情地低下头，手攥着衣角不停地揉搓，良久抬起头，脸微微发红，眼里有泪花闪烁。

"老师，这……这……"

我顿时觉得我的问题有些唐突，连忙拉着小雨妈妈的手轻声说："近段时间看到孩子的文章，觉得孩子不太开心，想了解一下情况。"

"她整天乐呵呵的呀，我们两个都过得挺好……"说完，她下意识地使劲点点头，语气很坚定似的，见我微笑着看着她，她眼神躲闪，又局促不安起来。

我犹豫片刻，还是决定让她听听孩子内心真实的声音。

"孩子可能不像您表面看到的那么快乐，我这里有几篇她写的文章，您看看吧。"我把孩子近段时间的"内心独白"整理好了，递到她手里。

"我是个失职的妈妈……每天看她乐呵呵的，我……"小雨妈妈读着读着，情绪激动起来，不停地抹眼泪，我忙递上纸巾。

"我了解孩子的生长环境，是想和您一起引导孩子在阳光下茁壮成长。"

她缓缓抬起头，红着眼，才哽咽着慢慢道来。

"她爸爸在小雨很小的时候就离我们而去了……我感觉自己快要崩溃了。"小雨妈妈掉进了痛苦的回忆，情不能自已，从小声抽噎到泣不成声。

我轻轻地推开椅子，站起身，走过去抚着她的肩，轻声地说："没有一个人的人生是完满的，家家都有一本难念的经。前几年，我也经历了很多坎坷……我们不能改变生活，只能面对……"她的情绪慢慢稳定下来，重新抬起头眼泪汪汪地看着我。仿佛看到了救星似的，满眼都是求助的信号。

要让她坚强起来，妈妈的天空放晴了，孩子的世界才能明媚。

"小雨的肩膀还很稚嫩，负重能力没有您想象中那么强，您不快乐，她也会过得很压抑。"小雨妈妈擦拭眼角的泪，静静地听我继续说。

"作为一个妈妈，只有自己亮着，屋子亮堂了，才能让孩子找到划亮她自己的火柴……你是妈妈！"我用坚定的期待的眼神看着她。

小雨妈妈泪光盈盈，若有所悟地点点头："老师，我懂了，为了孩子，以后，我要坚强，用积极乐观的人生态度去影响孩子。"

"对啊，一切得向前看，小雨妈妈，让我们一起努力，做孩子的明灯。"小雨妈妈微笑着点点头："真是太谢谢您了！"她挽着我的手臂，眼里满是感激。

我送小雨妈妈下楼，看到了在操场上玩耍的小雨，她也看到了我们，正在朝我们招手，小鸟似的飞奔过来。

"妈妈，你来学校干吗？了解情况吗？优秀的我没给您丢脸吧！"小雨仰着小脸，看着妈妈，妈妈笑盈盈地摸着孩子的头。

"妈妈，是来给你送阳光的。你看，妈妈一来，太阳就出来了！"看着太阳刚好露出的半边脸，我们都笑了。

春天真美呀，澄澈的天空，阳光洒下的一地金黄，绿得逼你眼的小草，还有人们脸上甜蜜的笑容，让人情不自禁地想跟着跳一曲幸福华尔兹。

技巧点拨

家庭的变故，妈妈的忧郁与哀伤，是导致小雨的天空阴沉晦暗的主要原因。作为班主任，想让小雨的世界明澈，得先让小雨妈妈的天空蔚蓝。

在交流中，班主任老师先肯定了孩子的"懂事"。"要是我也有个这样的女儿，该多好呀！"由衷的赞美，让小雨妈妈先看到一丝亮光。

当问到家庭环境时，小雨妈妈不愿外扬实情，让交流一度陷入僵局。班主任老师言明目的，引出小雨的"内心独白"，让小雨妈妈认清问题的严重性，直面问题。自述遭际后，小雨妈妈情绪陷入低迷状态，交流再度进入尴境。这时高谈阔论，不如叙叙家常，用共情点搭建爱的桥梁。火候到了，再晓之以理，继续送上一道理性的光，让小雨妈妈把人生不如意看成"人生常态"，坦然接受"坎坷"，从自怜自叹的泥淖中站起来，做坚强的自己。

"女子本弱，为母则刚"，最后班主任老师让小雨妈妈明白心中的责任，肩上的担当，树一面"家长责任"的旗帜，鼓励家长成为光。有了光源，孩子才能在蔚蓝的天空中振翅高飞。

让家长看到未曾看到的

李雅琪

夜空灰蓝，繁星几点，轻柔的晚风拂动树影，吹乱流萤，却无法吹散房间内的焦灼空气。这是我和搭档姚老师今天探访的第三个家庭——小雨一家。小雨是这学期转来的孩子，虽然接触时间不算太长，但孩子的妈妈已经让各科老师们头疼不已。此时，平日妆容精致、优雅从容的姚老师已经发丝微乱，额头沁汗。她勉强笑着，不时变换一下坐姿。我也好不到哪儿去，胳膊被小雨妈妈紧紧抓着，就像是抓着最后一根救命稻草：

"李老师，您一定得帮我说说小雨！这孩子注意力总不集中，写作业没一点计划！"

"总得我催，越催越慢，越催越慢，看得人都要急死了，小雨以前的老师也很着急，可就是没有办法。"

"她平时不听我的，说两句就发脾气，还得麻烦您和姚老师多管管……"

客厅俨然成了小雨妈妈单方面的倾诉场，焦虑的话语像浪潮一样阵阵袭来，扑向我和姚老师。小雨爸爸安静地坐着，不时地扶扶眼镜。小雨则眉头紧蹙，大大的眼睛里满是忧愁。40分钟的时间里，我和姚老师几次试图向小雨妈妈反馈孩子的优点，提出一些建议，但没说几个字就被打断，被迫回到孩子妈妈的滔滔不绝上来。那感觉，就像一拳打到棉花上，有力使不出。结束家访，电梯门关上的那一刻，我们俩同时长叹一口气，继而对视一眼，无奈地笑了起来。

晚风徐徐，走在回家的路上，我脑海里却不自觉浮现出小雨那一脸倔强的面庞。小雨平时不爱举手，但回答问题正确率很高，课堂知识也掌握得不错；平时话不多，但每每遇到老师，都会羞涩地打招呼；做作业时，这个孩子脊背笔直，眼神专注，虽然写字的速度慢了些，但一笔一画写得有力又端正——她确实是个非常不错的小孩。但小雨妈妈总是很担忧，几乎每一天，电话里，微信上，小雨妈妈对孩子的吐槽无处不在：起床总是太慢，需要不停催促；做作业磨蹭，一篇日记就得磨一两个小时；性格执拗，听不进长辈的意见，还动不动发脾气……当着老师的面，小雨妈妈也是毫不避讳，企图通过老师家长的双重施压，把孩子扳回"正轨"上去，却没看到她的女儿紧抿双唇，眼里噙满了泪花。妈妈的焦虑已经成了这个小女孩厚重的枷锁，锁住了她的天真与快乐。

这次的家访也并非全无收获，通过交谈了解到，小雨妈妈是陕西人，和小雨爸爸结婚后辗转来到长沙定居。爸爸常常加班不着家，妈妈只能全职负责一家人的饮食起居和小雨的学习辅导。远离故土亲人，丈夫又在孩子教育上缺席，这位妈妈的焦虑可想而知。所以，事情的突破口还是在小雨爸爸身上。

10月底，在我的建议下，小雨爸爸终于排除万难，来参加孩子转学后的第一个家长会。夜晚，教室里窗明几净，灯火通明。墙壁上，精心布置了孩子们的作文、美术作品和生活剪影；课桌里，整整齐齐摆放着孩子的作业和矿泉水。家长们陆陆续续来到教室，他们有的欣赏着孩子们的精心布置，有的跟旁边家长热情地打招呼，整间教室其乐融融。这是我们班一期一次的家校联谊活动，这一次，我给家长们准备了一份特别的礼物。

领导讲话和例行表彰结束后，我走上讲台，环视了一圈坐在孩子座位上的家长，微笑着打开了一段视频。轻柔舒缓的音乐响起，日常被收集起来的生活画面慢慢出现：小朋友自豪地摊开课本，向老师展示妈妈包上的精致书皮；素质报告手册上，密密麻麻的家长寄语；跳绳打卡活动中，父子同跳挥汗如雨……大家静静地看着，有的会心一笑，有的若有所思，似乎都回忆起和孩子朝夕相伴的种种。其中，出现得最多的是小雨妈妈的身影，运动会上，作为家委的她忙前忙后，张罗着给小运动员们提供补给；亲子赛中，她背着小雨匍匐向前，勇敢地越过重重障碍；作业本上，每一处老师的批改旁，都有她详实的细节反馈。欣赏的目光一齐向小雨爸爸的方向聚来，这位斯文儒雅的家长略显局促，他推了推金丝边的眼镜，不知道在想些什么。

家长会后，人群散去，小雨爸爸来到我旁边，他手里拿着小雨的作业本，一脸羞赧："李老师，今天的家长会让我意识到了自己作为父亲的不称职。平时孩子妈妈总在旁边念叨，我还嫌烦，现在才知道，她在背后付出了这么多努力。"反思是改变的开始，我知道机会来了："小雨爸爸，您别这么想，孩子妈妈常跟我说，您工作辛苦，常常日夜颠倒地加班却从不抱怨，是您的付出才给这个家带来安稳和幸福。"小雨爸爸神色愈发凝重。"但是，小雨妈妈远离家乡，周围一个人都不认识，只能把注意力全部集中在孩子身上。妈妈压力大，孩子的压力也大。这时候，就特别需要您的理解和支持了。"小雨爸爸连连点头。

家长会不久，在一个放学的当口，我又被熟悉的声音叫住，是小雨妈妈。这一次的她声音带上了几分明快："李老师，您可太厉害了！家长会后，孩子爸爸好像变了个人，平时一回家就'葛优躺'，跟他说孩子的事就嫌烦，现在不仅认真地听，还一有空闲就去给小雨指导作业，让我去一边休息。"说着说着，就笑了起来。"是吗？那太好了！"我握住她的手，"其实，是孩子爸爸明白了您的不容易。孩子每天磨磨蹭蹭，消耗的不仅是耐心，还有您宝贵的时间和精力。"她点头，脸上带着被理解后的畅然。"其实，小雨是典型的黏液质孩子。这种性格的孩子，天生安静舒缓，也就是您说的慢性子。只要我们因势利导，科学训练，孩子的拖拉问题一定能解决。""李老师，您放心，只要是您交代的办法，我们一定积极配合！"小雨妈妈反握起我的手，眼神激动——她的心门终于完全向我敞开了。

有一种爱，是孤独时的轻声呢喃，是坚持中的无悔陪伴，是航程中的努力托举，是风儿对流沙的情意。在我的建议下，小雨妈妈和孩子一起制定了时间表，每天按着计划训练做题速度并给我发信息打卡。小雨爸爸认识到了家庭陪伴的重要性，把时间更多地用到了关爱妻子和陪伴孩子上。一个学期下来，小雨做作业的速度显著提升，人也越来越自信。最重要的是，在和小雨妈妈的后续交流中，我开始感受到这个家庭一种久违的松弛与轻松。幸福的阳光终于挣脱重重阻碍，洒向了这片曾经阴云密布的港湾。

技巧点拨

焦虑的另一端是对失控的恐惧。陌生的生活环境，缺位的家庭支持系统，追求完美的做事风格……诸多因素累积起来，让小雨妈妈充满了不安全感。因此，她必须通过控制身边所能控制的小事，比如小雨的生活、学习，来重新找回她对生活的掌控。可是，这样的掌控却如手心里紧握的沙，越用力，便失去越多。也正是因为这种失控，小雨妈妈不能定下心来寻求解决之法，更不能听进老师的意见。

面对这种沟通困境，班主任老师透过家长层层焦虑的表象，充分了解其家庭情况，分析出问题的深层原因，并及时与小雨家人沟通，让他们得以从一个全新的角度看到平时被忽略的信息。小雨妈妈是深爱着孩子的，她的焦虑，来源于"不堪重负，不得其法"。通过共情，小雨妈妈感受到来自老师的支持和认可；通过家长会的搭桥铺路，小雨妈妈收到更多来自家庭的理解与爱护。强有力的社会支持让她获得了巨大能量。

除此以外，班主任老师针对小雨拖延的行为问题给出了具体而有针对性的方法指导。小雨妈妈对孩子的拖延问题有了努力方向，自然不再盲目担忧。凭借耐心细致的观察和专业的职业素养，班主任老师获得了家长的认可与支持，正所谓探因得法，收获真情。

用"放大镜"代替"有色镜"

唐 蕾

冬日刚刚经过,天刚煞黑,春风就迫不及待地裹挟着细雨,扬洒在人群里。昏黄的路灯静默着,路口已经聚集了黑压压的人影,双洲路又迎来一天中最热闹的放学时刻。

"还给我!还给我!"人群里蓦然响起一个女孩的尖声呼喊,壅塞的人群眼睛齐刷刷地望向同一个方向,只见一群青少年双手插在口袋里,长长的头发遮住了原本稚嫩的脸庞,嘴里斜叼着烟,伴随着他们的推搡打闹,一个身穿黑衣的女生从地上爬起来,一把抢过那个黄头发男生手里的帽子,戴在自己头上。昏暗的夜幕下,女孩的笑骂声淹没在男孩们的嬉闹里。

"歆,轮到你冲锋了。"那个黄头发男生高声喊道。

"冲就冲,谁怕谁呢?"黑衣女生一脸的不羁。

青年们起哄般地推着黑衣女孩往人群里送,又是一阵欢呼。这下我看清楚了黑帽上那粒鲜红色的帽粒,黑衣后背上那刺眼的樱桃红,那个女生分明是我的学生歆!

闪动的灯光在我眼前交错,随着人群的喧嚷,我的心也变得仓皇起来,皱着眉头,步履沉重地往家走。

回到家,我急忙拨通了歆爸爸的电话,他只淡淡地说:"我知道了,老师。"四周寂静得可怕,我不甘心,继续说道:"要不,您抽空我们一起当面跟她聊聊?"他急急地说道:"我工作太忙,她真不让我省心,不争气的家伙!天天跟社会青年混在一起,我打死她的心都有,她要是不改变,我下个学期给她转学。"没有寒暄,没有道别,他径直挂掉了我的电话。

歆爸爸的声音像夏天午后的西北雨雷，嗡嗡作响，我抬头，那个黑衣女生不羁的身影又浮现在了眼前。

回想起之前一次次家长会的缺席，电话那头的回绝，我跟歆爸爸之间沟通的大门紧锁着，犹如一摊寂静的死水，翻不起一点儿涟漪。对此，我的内心除了无奈，还有作为年轻教师不被信任的迷茫。

来不及迟疑，我第二天找到歆，可是无论我如何询问，回应我的都只有缄默。"歆，你真的放弃自己了吗？"我正色道。她的嘴唇开始抖动起来，泪水大滴大滴地滚落下来，强忍着哭腔说道："我是最差劲的人！"

"谁说的？你画画栩栩如生，跑步总是第一名，这都是你的优点呢，老师喜欢你，老师更渴望看到你越来越积极。"我看着她的眼睛斩钉截铁地说道。

我不能放弃！晚上我决定径直跟歆去家里。黑暗的楼道里，我什么也看不见，仿佛陷进了一座神秘的围城，我的心跳得格外快。尽头的灯光亮起，我站在大门前，鼓足了勇气。

迎接我的是歆妈妈。"没出息，我不知道造了什么孽生出这样的孩子，现在成天沉迷于手机，天天无所事事跟社会人士打交道……"歆妈妈带着哭腔，愤愤地骂道。歆坐在沙发上，垂着头，紧闭着嘴唇。

"歆以前喜欢哪些方面的活动？"我回过头，轻轻攥着歆微微渗汗的双手。

"以前参加过足球训练。那是因为父母觉得我是早产儿，身体素质不如别人，锻炼对身体好……"她的声音哀伤而低沉。

"谁说早产儿就一定比正常孩子差？你可以把足球当成特长，每天放学跟着学校足球队训练，愿意吗？"

那一晚，我们聊了很多，更多的是未来的规划，我告诉歆妈妈参加校足球队可以去市里参赛，如果有机会还可以成为专业二级运动员，参加升学考试还可以特招，听着听着她眼睛变得明亮起来。

从那以后，我跟歆父母之间的沟通渐渐多了起来，微信上，我经常跟他们交流歆每一次微小的进步，给他们发歆每一次的运动表现……而他们对歆也渐渐少了苛责，多了肯定，少了抱怨，多了鼓励。

转眼已是深秋，合欢树的叶子黄了，灰白的杂草在秋风中飞舞。秋季运动会上，哨声清脆响起，歆拼命奔跑，风，吹得很急，几千道目光如炬，注视着这个奔跑的女孩。

"歆！加油！"我撕开喉咙叫喊。

"第一！第一！"全场的人都欢呼起来，歆爸爸紧紧地抱着她，歆泪流满面，欣喜异常。我猛然发现，她长大了。

从那以后，歆的父母态度变了，家长会上，他们请假过来积极参加，有家长对调座位不理解时，他们还主动站出来帮我做解释工作……

每次放学路过操场，我总能看到歆挥舞着臂膀在足球场上奔跑的模样，那一头短发，显得那么干练精神，青春的迷茫在渐渐散去，她那经过风雨洗礼后晒得黝黑的皮肤，散发着淳朴动人的气息。

时光如水，今夕有梦。又至寒冬，办公室的门被轻轻推开，歆爸爸站到了我的面前。"老师，歆要去山东临沂了。"他顿了顿，满脸欢喜地说，"通过了省级比赛，教练要带她去参加国家二级运动员赛事。老师，感谢你对歆的鼓励……"

我在请假条上，郑重地签下了"同意"。过去的迷茫和困惑，此刻在心里已有了妥善的着落。

技巧点拨

对于教育者来说，教育是发掘，是点燃。发现学生的闪光点，点燃学生力量的小宇宙。一种"知其不可而为之"的使命感常常让老师拿着"放大镜"来发掘学生的长处，从而精准施策，实现育人的目的。

文章中歆的父母因为孩子表现不佳，屡次接到教师的反映电话，产生焦躁情绪，导致不愿意过多沟通。面对这种情况，教师放平了心态，丢掉了"有色镜"，改变了聚焦学生问题的沟通方向，而是用赞赏和肯定来"放大"学生的优点，挖掘学生的其他潜力，带着真诚和善意，引导家长一起来发现孩子的优点和长处。

时光如水，今夕有梦。"功夫不负有心人"，"条条大路通罗马"，在成才的路上，对于方向正确的人来说，从来都不拥挤。家长看到了孩子的进步，也顺势丢掉了"有色镜"，重拾信心，与孩子一起筑梦前行。

树立家长榜样

李国生

"小康妈妈,今天中午小康在寝室玩手机被抓,学校已对小康进行批评教育。晚上孩子回家后,希望你和孩子爸爸能及时与孩子沟通,并对孩子进行教育引导。"

刚发送完信息,手机就响了起来,是小康妈妈的来电:"李老师,不可能啊,小康的手机上个周末已经被我们没收了,是不是班上同学给他玩的手机?"小康妈妈急躁的口气中带着一丝不快。

"但小康默认手机是他的。小康最近上课总是打瞌睡,参与班级活动也很不积极,你们是不是跟他好好谈谈?"

"人都会被他气死!"小康妈妈带着情绪挂了电话。

晚上10点,小康妈妈回了电话:"李老师,我们问了小康,小康说手机不是他的。他应该也不敢,上个周末因为手机的事还被他爸爸打了顿厉害的。"

我正要开口,小康妈妈继续道:"我觉得学校的管理是不是有问题?听说班上很多同学有手机,如果学校管理严格,寝室里怎么会冒出手机来呢?"

原本想通过信息反馈促进家长对孩子的教育,没想到换来的却是家长对学校的质疑。看来小康妈妈对我在家长群里发的信息选择了"自动屏蔽"。我想解释,但一两句话又无法说清。更令人蹊跷的是,小康明明说手机是他的,到了家里怎么就矢口否认了呢?我决定一探究竟,了解背后的原因。

我想先听听小康的心声。文体活动时间,我借口要小康帮忙提东西到宿舍，想和他聊聊。

"小康，李老师觉得你最近精神状态很不好，那台手机是你的吗？"去宿舍的路上，我直接谈到了我关心的问题。

小康脸色有些暗淡，叹了口气。看着我期待的目光，他低下了头："李老师，其实那台手机是我在外面花 50 元租的。我不敢跟爸妈说实话。"

"再想玩手机，也不能去外面租啊！"我有些惊讶。

"李老师，其实我也没那么迷恋手机。最近成绩的起伏让我很压抑。我爸妈一直忙于做生意，周末都经常不在家。他们总觉得为我付出了很多，除了打我，就是骂我学习不认真、不懂得感恩，还在家里装了监控……"一向表情平静的小康突然湿了眼眶。我知道，这一定触碰到了他心中最柔软的角落，这是他真实的心声。

小康的话提醒了我。他感觉不到家庭的温暖，迷茫、苦闷的小康需要有外力的帮助。

我决定当面和小康父母聊聊。第二天，我如期来到他们家。小康家的条件不差，高档小区里绿树成荫，良好的居住环境，让这里小鸟的啁啾都显得格外动听。

可一进门，几个摄像头在众目睽睽下，让空气顿时凝重起来。我拿出值日班长登记表、作业情况登记表、寝室纪律情况总表给小康父母看，用数据说明学校管理并不是他们所认为的那样，并如实反馈了小康手机的来源。一听到小康在学校偷偷玩的手机是租的，小康妈妈立马激动了起来："你还让不让我活啊！收掉一个，又冒出一个，装监控都管不到。为了他，我们拼命赚钱，每天为手机的事，整个家都不得安宁……"小康妈妈一如往常，不管不顾，不吐不快。

"小康妈妈！"我制止了她的发泄，"不要当着孩子面数落他的不是。"小康妈妈欲言又止，一时不知所措。

"这样，你们今天陪我一起去家访吧。我带你们去小瑾家坐坐，和他父母交流一下。"我对小康父母说。

小瑾曾经也是"手机男孩"。因为手机问题，亲子关系一度紧张。后来经过一番调整，亲子关系得到缓和，孩子也有了很大的变化。

我们来到小瑾家，开门的是小瑾妈妈，她热情地邀请我们坐下，边倒茶边说："小康妈妈，依我的经验看啊，一定要在家多陪陪孩子。孩子做作业的时候，我经常坐在旁边看书，或者在家做做家务。我发现我们家小瑾很喜欢这种氛围，做作业也比以前安心多了。"小瑾妈妈神采飞扬地说着这些话，脸上荡漾着满足的微笑。

"说来也奇怪，小瑾妈妈以前从不看书的，现在越来越喜欢看书了。上个月李老师推荐的《正面管教》《和小孩一起成长》我们都看了，确实很有收获。"小瑾爸爸补充道，"我说小康妈妈，教育不是一个人的事，你要小康爸爸也参与进来，手机也不是什么可怕的东西，多引导孩子就是。"

"手机"，这个普通的词汇，无意中从小瑾爸爸口中说出来，却深深刺痛着小康妈妈的心。曾经，小康妈妈给小康买过市面上最高档的手机，没想到手机却成了全家人的噩梦。为了手机的问题，骂过小康，动手狠狠打过小康，全家每个角落都装了监控，最后换来的却是小康摔门后留下的一句：我最讨厌的人就是你们两个。小康妈妈伤心地说着往事，忍不住哽咽了。

我递过纸巾安慰道："小康妈妈，现在改变还来得及，我们都会帮助你的。手机不是不能使用，而是要引导孩子合理使用。周末可以带孩子做些有意义的事。比如小瑾的爸爸妈妈，有时陪小瑾参加'湘江水质污染调查'实践活动，有时带小瑾去看音乐会，有时带小瑾去钓鱼。周末有很多有意义的事情可做，哪里还有时间玩手机呢？小康喜欢打球，小康可以约小瑾一起打啊！"

"是的，小瑾变化这么大，小康也一定可以的。孩子还小，还来得及，更何况我们和李老师都会帮助你们的。"小瑾妈妈说。

小康妈妈有些激动："谢谢你，李老师！谢谢你们，小瑾爸妈！"小康妈妈依然眼含泪水，但这一次的泪水，却分明闪耀着希望的光芒。从小康妈妈的泪光中，我似乎已经看到了一个全新的小康：在课堂上积极自信，在球场上驰骋飞奔，全家人其乐融融……

一个月后，"亲子教育经验交流会"在学校如期举行，小瑾妈妈受邀在学校体育场分享亲子经验，而我们班交流会的主要分享人是小康妈妈。不善言辞的小康妈妈的经验分享真诚感人，很有借鉴意义，班上不时响起热烈的掌声……

有位哲人说，教育的本质就是一棵树摇动另一棵树，一朵云推动另一朵云。教师是平凡的职业，但平凡的我们，却可以成为摇动另一棵树的树，推动另一朵云的云。加强家校沟通，家校携手共进，就能够带领一个个"小瑾""小康"走出迷惘，走上充满阳光的成长之路。

技巧点拨

"成长"，是贯穿我们一生每一阶段的关键词，困惑中的小康需要成长，困惑中的小康父母也需要成长。"成长"不仅需要自省自悟，也需要外力的帮助。有着手机依赖、学业迷茫的小康需要父母、老师和同学的帮助，有着教育困惑的小康父母需要他人的指点迷津。心有困惑，如迷雾蒙眼，但敢于向前迈进一步，突出重围，就会拨得云开见月明。

小康妈妈是不懂"如何教育孩子"的家长之一，她不仅不知道如何面对当今很多青少年面临的"手机依赖"问题，而且不懂得父母陪伴对于孩子成长的重要性。他们简单地认为，为孩子提供了好的物质条件就是对孩子的爱。面对这一类型的家长，李老师首先了解了孩子的真实想法，一针见血地指出家长的问题所在，然后借助他力——和小康情况类似的小瑾的父母，让小康妈妈从小瑾父母的做法中去领悟正确教育孩子的方法，最终让小康妈妈有所悟有所得。后来，小康妈妈通过调整和孩子的相处方式，带领小康走出了成长的困惑。

不仅如此，李老师还以小瑾、小康妈妈为成功案例在全班乃至全校分享经验，从而成功地实现了"一朵云推动另一朵云"的教育效果，为当今"手机焦虑"家长们提供了可借鉴的成功经验。

了解真实情况是前提，借助他山之石是方法。不是惊天动地的大事才能体现师爱的博大，一次用心的引领，一次小小的帮助，可能就点亮了孩子那双迷茫的眼睛，可能就给一个无助的家庭送去了温暖的春天。

不放弃就有希望

刘叶红

"刘老师，谢谢你！如果不是你，我们早就放弃小静了，谢谢你对她的关心，感谢你对她的不放弃。我们会配合好你，希望通过我们的共同努力，她会越来越好。"看着小静爸爸发的微信，我心里无比高兴，想起了和小静的初相识。

小静是我接手的五年级班上的学生，我们相处已有一年半的时间了。对小静有所了解，是在接手这个班第二个星期的时候。那天课后服务后，数学老师曾老师叫小静到办公室来完成课堂作业。因为她做了很久了，仍没有完成当天的课堂作业，曾老师就将她叫到办公室，单独辅导她完成练习。可教了好几遍，她竟然连 2+2 等于几都不知道。曾老师只好叫她把手指伸出来，数 2+2 等于几，好不容易数出来了，让她把这个结果写到作业本上去，没想到一写她又写错了。一个五年级的学生，竟然还不知道 2+2 等于几，我们愕然了。从教 20 多年来，这是我第一次遇到读五年级还不知道 2+2 等于几的学生，曾老师也用无可奈何的眼神与我交流。正在此时，小静奶奶来接她回家了，曾老师就把小静不能按时完成课堂作业的情况告诉了小静奶奶。没想到小静奶奶说："老师，谢谢你们费心了，她是教不起的，不用管她了，我们家长不怪你们。她小时候得过一场病，学习上跟不起的。"奶奶说这话时，小静就在一边呆呆地听着。

小静奶奶带着小静离开后，我想，难道真的就像小静奶奶说的那样，不要管了吗？就这样放弃她吗？我分明看到，当奶奶说她教不起的时候，她眼中的无助和自卑，这不是一个孩子该有的眼神。如果就这样放弃她，将来走向社会的时候,她能以怎样的姿态去迎接这个社会呢?教育者的责任告诉我,不能放弃她。

第二天,语文课堂作业发下去后,我叫同学们改好给我看。课堂作业是我讲解了以后才收上来看的,可小静却依然错了很多。放学时,小静未能按时改好作业给我看,我决定单独辅导她改好。改作业时遇到一个"仔细"的"细"她不会写。我说,左边一个绞丝旁,右边一个田。她一脸茫然地看着我。于是我决定先教她写"纟"。我说笔画,叫她来写,可她仍一脸茫然地望着我,没有动笔。我有点着急了,可看着她无助的神情,我的心立刻又软了,默默地拿过她的笔和纸,把"纟"一笔一画地写在纸上,然后告诉她这就是绞丝旁,问她会了没有。没想到她还是一脸茫然地看着我,依然没动笔。我忍不住了,提高了声音说:"我都帮你写出来了,你怎么还不会写呀?"她一脸委屈地望着我,什么话也没说。我无奈地坐在一旁,想起小静奶奶说的话——她是教不起的。那一刻,我产生了放弃的念头:算了,不管她了,她这样的人确实是教不起的。可她满脸的委屈和无助却让我无法放弃她。于是我把写了"纟"的纸摆正,再一次移到她的面前,轻声问她:"照着老师这样写,会写吗?"她点点头,然后拿起笔,照着我写的一笔一画地写下了"纟"。我感到很奇怪,就问她为什么一开始说不会写,现在却会写了。她小心翼翼地说:"老师,刚才你写好以后没有朝着我这边放,是反的,我看不懂,现在对着我这边,我才看懂了。"我哭笑不得,写好的"纟"没朝她那边放,她就不会写,这样的孩子该怎么教啊?难道真的放弃吗?我查了她四年级的期末检测成绩:数学 7 分,语文 12 分。该怎样帮助她走出学习的困境呢?

我想起了苏霍姆林斯基在《给教师的建议》中写道:"儿童的学习越困难,他在学习中遇到的似乎无法克服的障碍越多,他就应当更多地阅读。阅读能教给他思考,而思考会变成一种激发智力的刺激。"为了帮助小静克服学习中的困难,我告诉小静,她每天的家庭作业就是朗读加阅读:朗读课文,阅读课外书。她很听话,当天回去就把朗读《白鹭》的语音发给我听。她读得断断续续,读错了很多字,但声音很响亮,充满了自信。听着她发的语音,我听到了一个长久被放弃的孩子的喜悦。那一刻,我的内心充满了兴奋与责任感：我没有放弃她，她是我的学生，我不能放弃她。针对她朗读的情况，我首先给她点了个赞，告诉她，她的声音很响亮，老师很喜欢。接着告诉她，这篇课文有点长，读起来会有点困难，如果想读得更好，可以一段一段地读。于是我就让她先读好前面四个自然段，前面四个自然段共四句话，她反复读了好几次，终于读准读通了。当我发了个"不错"，并点了三个赞时，我仿佛看到了她满脸高兴的神情。第二天我让她读第五自然段，她仍是反复读了好几次才读准读通了。接下来的好几天，她就一段一段地读第一课《白鹭》后面的自然段，一个星期以后，她就能完整地把整篇课文读给我听了。看着她一点一点地进步，我感到无比高兴，成功的喜悦荡漾在心头。

为了让小静有更大的进步，我特意打电话给她在外地打工的父母，希望他们能配合我的工作多打电话给孩子，鼓励她的点滴进步。没想到她的爸爸说："刘老师，她读了四年书了，每次期末考试就考那么几分，我们是彻底放弃了，只要完成九年义务教育就算了，也不期望她能有多么优秀，你不用管她，她是教不起的。"又是一个"教不起的"！四年的小学生活，小静就是在这一句话下被一直放弃的！我听后有点气愤，但还是耐心劝说他试着相信孩子，要让孩子多少学到一些立足于社会的最基本的东西，让孩子有生活的自信。

在多次的沟通下，小静爸爸表示，争取在工作之余多打电话关注孩子，并且表示会让当过民办教师的小静奶奶多陪伴小静学习。此后，每教一篇课文，小静都会用奶奶的手机发朗读语音给我听。每次发语音时，总听到奶奶在一旁小声纠正小静读错的地方。我们班有小组轮流写日记的特色作业，轮到小静写日记的时候，我一般是叫她在课外阅读中摘抄一些优美的句段，并没有要求她写日记。可没想到，有一次她居然写了一百来字，虽然只是记流水账地写了一些事情，错别字也很多，语句也不太通顺，但我还是表扬了她，给她打了个"优"，并将她的日记在班上念了。我问她是不是奶奶教了她写日记，她高兴地点头。此后她就更有兴趣了，轮到她写日记时，她会努力写好，不再去抄课外书中的优美段落作为日记，而是写真实的事、真实的想法，日记越写越长，得了很多次"优"。我把小静的进步告诉了小静爸爸，他特别高兴，除了说谢谢外，还告诉我他每隔两天就打电话回家的，经常问小静的学习情况并鼓励她，并给小静买了好几本课外读物。

存在感、价值感改变了小静，她脸上的笑容越来越多。在期末检测的时候，她的语文成绩考了45分，我特意看了她考试的作文，发现她得了20分，写得很长，语句虽不生动但写通顺了。看到她能将作文写得条理清楚，对比之前写得让人无法看懂，我知道她真的进步了。当我把试卷拿给小静看，并表扬她进步了时，我分明看到，她的眼里满是喜悦，脸上漾起灿烂的笑容，像一朵盛开的鲜花。

三八妇女节那天，小静在日记中写道："今天放学回家，我给妈妈打了个电话，我祝妈妈妇女节快乐，妈妈说谢谢我。""今天是三八妇女节，也是姐姐的生日，到了晚上，我用纸片做了一个礼物送给姐姐，姐姐很高兴，我还祝她生日快乐，学习进步。"我把小静写的日记拍给小静父母看，小静爸爸非常高兴，说感谢我的不放弃，才有了小静今天的进步，并表示会继续配合学校教育，与老师一起共同努力，让小静变得越来越好。

弱种子终于开花了，我们要小心地呵护这开得不易的小花，静静地等待这朵小花开得更艳、更美。

技巧点拨

每个人都渴望被人重视，每个生命都不应该被放弃，只要不被放弃，就有希望。因为小静智力不如常人，家长一番努力无果之后便放弃了她，让她变得自卑没有信心。班主任老师没有放弃她，多次与家长交流沟通，让家长重新去相信孩子，让孩子重拾生活与学习的信心。

作为班主任，除了要不放弃每一个学生外，还要与家长沟通，让家长不放弃孩子，只有家校共同努力，才能改变孩子。家长对孩子的不放弃还来自孩子的学习结果，班主任及时反馈学生的进步很重要，孩子的进步才是家长看到的希望。

不放弃就有希望，老师不放弃学生，家长不放弃孩子，这才是教育成功的希望。

剖根溯源找症结,"号准脉向"用"良药"

蒋冰芝

"老师,给你看个视频。"班上一个女生神秘地跟我说。视频里平日沉默寡言的小卓,神情张狂,念念叨叨,又哭又笑地躺在地板上。我错愕地盯着视频里的女孩,脑袋里浮现出那日的情形——

"老师,我想安静几天,我不想读了。"小卓面无表情,神情呆滞。

"为什么?"我急切地问道。

小卓欲言又止。刚刚结束的一次联考,让原本朝气蓬勃的花季少女一夜之间变得蔫头耷脑。大家都在为高考拼命,都想蟾宫折桂、金榜题名,我能理解其中的焦虑。但作为全校前100名的优生,小卓竟然产生了消极逃避的念头,我深感担忧,于是决定去家访,跟她父母谈一谈。

"小卓怎么了?"小卓妈妈略带惊奇地问道。

"她说她不想读书了。"我说,接着详细地跟她妈妈说了她近期的情况——一个月的时间里,这个品学兼优的女孩,已经因为内心的焦躁不安而请了两次假了。

"她很听话呀,回来还帮忙做事。做完事就马上去学习,没有什么问题呀。"妈妈再一次表达了自己的惊讶。而爸爸一言不发,一副手足无措的样子,拘谨地坐在椅子上,默默地听着我们谈话。

"……我一个女人,走街串巷卖豆腐脑,苦苦支撑这个家,拉扯两个孩子。她爸爸腿有残疾,叔叔早年因为感情受挫,精神一蹶不振,奶奶年纪又大了,身体也不好,唉……为了多凑两个钱,我有时候还到街上去翻垃圾、捡瓶子……每天起早贪黑,再大的苦都咽,就想她能安心读书,不要再过我们这样的日子。平时我也没时间和她说话，也不晓得说些什么……老师，她为什么有这样的想法，到底怎么了？"小卓妈妈小声地哭诉着，尽力地压抑着自己的不幸与委屈。

听完小卓妈妈的诉说，我似乎理解了小卓，但依然不确定内心的猜测，便接着问："您跟孩子说过您的困难吗？"

小卓妈妈停顿了一下，想了想说："唉，说了也没用！只是她成绩下滑的时候，我说，考不上好大学，我们就不送了，也送不起！让她嫁人或者去打工……但是，老师，我们做父母的怎么可能让她嫁人呢？她还那么小，她如果是要读，我们哪怕就是砸锅卖铁，只要还有一点钱也会送她读书的……"

我觉得差不多已经找到了问题的症结。我急切地问："这次月考，她考了全校前100名，跟你们说了没有？上次她考进了全校前50名呢，您有没有表扬她？"

"上次她考到30多名的时候，本来很高兴，但太忙了，一下就忘记了。这次，知道她考了90多名，可是比前次跌了五六十名，马上要高考了，我心里很急，就忍不到骂了她几句。这几天都没理她，也是想逼她争口气。"小卓妈妈的话语中带着些许气愤，但更多的是焦急和担忧。

"她再懂事听话，她也是一个孩子。你们总是强调你们辛苦，她会不会觉得自己读书是件拖累你们的事情？如果她明天不读书了，您跟她爸爸决定怎么办？"

"啊？！老师，那该怎么办？我们要怎么做呢？"

"大哥，嫂子，先别急！别急！"我安抚道，"你们看，可不可以这样做：您和她爸爸平时多跟孩子聊聊天，谈谈心，在孩子难过的时候，拍一拍她的肩膀都可以。孩子比较腼腆，成绩进步的时候，你们夸夸孩子，让她感受到你们的在意。你们很辛苦，平日早出晚归实属不易，有时间让她跟你们一起做做家庭事务，这个过程中也增加彼此相处的时间。最重要的，就是你们对她的爱，要及时表达出来！"

然而，情绪疏导还需要物质条件的改善。但我们疲于生计的奔波，在日常琐碎的消耗中，很容易忽视了亲人的感受。从根本上解决问题，才能让事情迎刃而解。当天晚上，我迅速联络了在社区工作的老同学，向社区反映了她家的实际情况，尝试通过社区帮扶来解决这个家的燃眉之急。大家共同努力，为这个家谋得了一份差事——小卓的叔叔平时可以帮助街道打扫卫生，每月500元劳务费。这样既可以贴补家用，也让他的精神有了寄托，继而得到疏解。

第二天趁下课空档，我约好学生家长来到社区，进行了对接。家长顿时感动地紧紧握住我的手，久久说不出话来……

日子平淡如水，岁月波澜不惊。虽被日常琐事羁绊，但心中依然对小卓有着深深的牵挂。

过了几天，小卓妈妈突然给我打来电话："老师，和您聊天后，我们才意识到我们平时有多么马虎，给孩子带来了多么大的负面影响。最近，我们跟她说了很多话，刚开始她什么都不愿意跟我们讲，后来终于开口了，还和我们说了一些心里话。按您所讲的，我们表扬她读书很优秀，告诉她我们很骄傲有这个女儿，让她放宽心，好好读书。她今天对我说：'妈妈，我要考到广州去，以后要接你们去好好过日子……'我感到好开心，我对她说：'你尽自己的力去考就行了，不要老想到家里，爸爸妈妈还能干……'老师，真的太谢谢您，太谢谢您了……"

电话中的声音开始颤抖……

雨声淅沥。我转头望向窗外，窗外漆黑一片，却依稀见到小卓同学端坐在桌前，身上依然透着那份安静淡然的气息，脸上却多了许多自信，眼里闪着光芒……

技巧点拨

哈佛大学研究者总结出了一个有助于提升亲子互动质量的"PEERE"法则，即暂停（pause）、参与（engage）、鼓励（encourage）、反馈（reflect）和衍生（extend）。具体而言，当发现孩子的异常表现时，父母应该先"暂停"手头的事，将关注点放在孩子的情绪和需求上，使用表达好奇或关切的问题，"参与"到孩子的内心世界中，表达对孩子的理解和"鼓励"，并真诚地将家长的感受"反馈"给孩子,提供由当前问题"衍生"出的不同视角或应对策略,帮助孩子获得成长和领悟。及时看见问题根源,对症下药,充当孩子的倾听者,以平等的姿态与孩子沟通,并给予他们有效的关注和引导,怀着尊重和接纳的心态去倾听他们的故事,让他们的烦恼能被看见,并理解和肯定自己的孩子。

孩子的成长是一个流动的过程,随时发生变化。父母对孩子的爱要及时表达。在这个案例中,孩子对父母的辛苦是感同身受的,她也在用自己的努力学习回报着对父母的爱。可是父母因为辛劳而错过了对她学习进步的肯定和鼓励,却在成绩下降时对她指责埋怨。孩子负重前行的内心得不到及时的爱的滋养,变得日益枯竭。班主任老师在与孩子父母的交谈中一直在探寻小卓同学不愿读书的根源,从而引导她的父母重视与孩子相处的时间,聚焦孩子精神的成长,多关注孩子内心情绪的变化,尝试走入孩子的内心,及时表达自己对孩子的爱,让孩子感受到家庭的温暖,让孩子懂得"贫穷的生活或许辛苦,但那不代表不幸福",让孩子在充满爱的环境中健康成长。

"伐木不自其本,必复生;塞水不自其源,必复流。"教师要善于在家校沟通中去剖根溯源,找到问题的症结。从此出发,孩子的许多问题往往能迎刃而解。

巧借朋友圈，化解尴尬事

唐艳丽

"小西妈妈好！天气转凉，请您给小西送件外套来。"

"老师……让她自己回来拿吧，我很忙！"小西妈妈过了许久，才冷硬地掷出了这样一句话。

"高中学业较紧，离放月假还有一段时间，您还是亲自送过来吧！"我又发了一句过去。小西的妈妈只回复了一个无奈的表情符号，再也没有一句多余的话。

小西装扮成熟时尚，是我们学校的"风云人物"，她每到一处，都会引人注目。她常常穿一件紧身的T恤，下身搭配一条紧身短裙，脖子上戴着一条颇具个性的银色项链。圆圆的脸上涂抹着"精致"的妆容，火红的唇色像秋天里的枫叶……这身装扮，与书香校园显得那么格格不入。

为此，我经常提醒她穿衣打扮要符合学生规范。可是我的多次提醒和教育没有起到丝毫的作用。学生"告状"的声音却此起彼伏。

我又一次把小西请到了办公室。

"……高中生穿衣打扮应该朴素整洁，不能化妆。你朴素干净的脸蛋本来就很美……"我按捺住心底的不满，再次和风细雨地跟小西交谈着，但小西却斜睨着眼睛，一脸桀骜不驯又冷漠的样子。

"我们教室的走廊上常常一群男生围观起哄，知道为什么吗？"小西仍然无动于衷，一副事不关己的模样。我拿出学校针对女生制定的"三不"规定："来，你认真地学一学这个规定。"她木然地伸出手接住了这张纸，像木偶似的念起来："不许化妆涂口红，不许佩戴项链耳环等首饰，不许……"

她的冷漠点燃了我内心的恼怒，正要出声纠正时，我看见了她左手手腕处三道深深浅浅的刀痕，长长短短，或新鲜，或结疤。我内心的怒火一下子就被心疼、怜惜浇灭了。我不敢往下想，这个孩子到底经历了什么？

几番微信沟通，第二天，这位"很忙"的妈妈终于愿意来学校一趟了。

"小西妈妈，很忙吧！"我搬了把椅子坐在她身边。她马上打开了话匣子，开始数落起来。"我天天接送儿子上下学，想方设法为儿子煮点好吃的，每天晚上要辅导儿子写作业，周末要送儿子学足球、学钢琴。他爸爸在乡下当医生，什么都不管……"说是数落，却看见这位妈妈的脸上洋溢着"为儿子忙"的幸福与喜悦，话里话外都离不开"儿子"两个字。

"你的儿子很优秀！"她听到我的话，连忙刹住了车，有点不好意思地看了看我。"儿子有十来岁了吧？"我继续试探。

她抬起头看着我，又看了看周围，凑近我的耳朵说："老师，你不要告诉别人，我跟你说件事。我们家比较传统，就想养个儿子，结果小西生下来是个女孩。他爸爸有正式工作，那时又没有开放二孩政策，儿子是偷偷生出来的。"

听到这里，我想起了小西妈妈的朋友圈。这位"很忙"的妈妈基本每天都要发朋友圈，朋友圈里晒着美食、晒着自拍、晒着旅游……一张张相片翻过去，却没有找到一张小西的照片，全是她爸爸妈妈与一个小男孩的合影，那个男孩应该就是小西的弟弟，"一家三口"的旅游足迹遍布大江南北。可是有次上课，我让小西谈谈自己旅游路途上见到过的最美风景，她却说，她很少去旅游。

我心中的疑问一下找到了答案：一个重男轻女的家庭！一个被父母之爱屏蔽掉的孩子！或许小西的奇装异服只不过是想寻求爸妈的关注，或许她手腕上的刀痕是一种无声的抗议和对爱的呼唤！

俞敏洪说："中国孩子的问题基本都是家长的问题，中国只要把家长教育好了，孩子自然就好了。"我决定来治一治这位"病入膏肓"的妈妈。

"这件衣服很时尚。"我摸了摸小西妈妈手中的外套。

"是的，衣服是她自己买的。不漂亮的衣服她不穿，一个学生天天涂脂抹粉。为这件事情，她爸爸还动手打过她，但也没什么用。我们都不想管她了，她爱怎么样就怎么样。"说起女儿，她一脸的痛苦。"老师，您叫我来，是不是小西犯了什么错误？"她突然站起来高声问道，好像一下子明白了老师再三要求她送衣服过来的用意。

"没有，没有。"我把她按在椅子上，拿出手机漫不经心地刷着朋友圈。"小西妈妈，这是到哪里旅游？这只孔雀多漂亮呀！""老师，这是孔雀开屏。我抓拍的，在云南。"小西妈妈激动的心放松下来，话题转移到"孔雀"身上来。

"你知道孔雀为什么开屏吗？"我看着她一脸的疑惑继续讲，"孔雀开屏是为了吸引异性的关注，是寻求关注和被爱的一种方式。"我把手机放下看着她："小西喜欢穿漂亮衣服，说明小西长大了，爱美之心，万物同理。当然，进入青春期的孩子喜欢穿漂亮衣服，有时也是引人注目的一种手段，是在寻求被爱的感觉。"小西妈妈似懂非懂地点了点头。

"你们这几年忙着生儿子，培养儿子，可曾关心过小西？小西也是一个孩子，也渴望爸爸妈妈的爱，可你们的目光从来都没有停留在小西身上，当小西出现问题，你们不是打就是骂。"小西妈妈眼睛微微泛红，不好意思地低下头："是的，这些年为了偷生儿子，东躲西藏的，没怎么照顾女儿。但我以为小西长大了，能自己照顾自己了。""长大了也是需要爱的，尤其是青春期的孩子更需要爸爸妈妈的爱。如果长时间得不到爸爸妈妈的爱，就会把对象转向异性，用奇装异服来吸引异性的注意，寻求异性的关爱。"

"原来是这样啊！"小西的妈妈若有所思。"更有甚者，有些缺爱小孩会采取一些极端的方式。"说到这里，我用一只手在另一只手的手腕处比划着割了一下。"你说的是自杀，小西手腕上的伤是自己割的？"她捂住嘴巴，眼睛里满了害怕。她应该早已看到了小西手上的刀痕，只不过怎么也想不到她的女儿会……我连忙握住她的手，轻轻地点点头。

"老师，怎么办，怎么办呀？"她近乎哀怜的语气中透着自责、悔恨，"都是我们的错，都是我们的错。"

"青春期的孩子，爱美，追求美，本身是没有错的。但我们需要正确地引导，让孩子明白什么才是真正的美。小西对美的追求，源自你们长期对她缺少关爱。把你对儿子的爱同等地用到小西身上，像照顾儿子一样来照顾小西，从关注孩子的生活起居到关心孩子的身心健康，从每一句话开始……爱就是一架天平，一端是儿子，一端是女儿，天平不能倾斜，砝码就在你自己手里。"

小西妈妈紧紧地握着我的手，不肯松开。我知道，今天的沟通会是一道光，驱散小西妈妈"重男轻女"的蒙昧，照亮小西未来的路……

技巧点拨

朋友圈里人生百态，气象万千，是社会生活的一个缩影。当某些学生出现问题时，我们不妨从家长的朋友圈入手，找到她原生家庭问题的症结所在，巧借朋友圈这把钥匙开启家校沟通的大门。

看似漫不经心地刷朋友圈，聊朋友圈，实则是老师用心之举。老师从家长朋友圈反复出现的旅游照片观察到，"重男轻女"的蒙昧重重地包裹着这个家庭，小西是游离在"一家三口"之外的一颗"弃子"。她奇装异服、涂脂抹粉，她痛苦、冷漠，她寻求爱……如何让这颗游离的"弃子"回归到和睦温馨的"棋盘"里去？在朋友圈中发现问题，又在朋友圈中解决问题。老师顺势从家长朋友圈的"孔雀开屏"说起，轻松自然地过渡到青春期的学生穿奇装异服是在寻求父母的爱，使重男轻女的家长警醒，重新把握好爱的天平。

从朋友圈中发现问题，再从朋友圈说开去。老师们可以巧借朋友圈这种媒介，赴一场华丽的家校沟通。

不妨实现家长的教育期待

李亚平

那天，沐浴着明媚的阳光，踏着欢快的步伐，我手捧新教材，来到了自己的新班级。孩子们身穿崭新的蓝色校服，佩戴着鲜艳的红领巾，端坐在座位上。一双双求知若渴的眼睛，亮得像水晶，闪出银河般的星光。一切看上去都那么和谐美好。

为进一步加强与孩子家长的沟通，我创建了属于自己的第一个家校沟通微信群。"今日作业书写，以下20名同学书写规范、工整，值得表扬！但是，还有以下12名同学书写有待提高。"我用手机键盘一字一句敲出了班级群里第一条作业反馈公告，同时将优秀作业和错误较多的作业拍照附后。不一会儿，原本寂静的班级群里顿时热闹起来：

有的家长为自己孩子的作业竖大拇指："谢谢老师鼓励！"有的家长为优秀作业点赞："写得真好！"还有的家长及时回复："收到，谢谢老师指正错误，等孩子回家我让他及时更正。"

我心想，这样的沟通渠道既便捷又有效，完美！

然而，事情并未朝着自己的预期发展，甚至变得糟糕无比。那是一个周六的晚上，我一如既往地在家长群里进行作业反馈。只不过，这次没有表扬优秀，只针对书写欠佳的孩子进行点评。一共点评了8名学生，其中7个家长均回复："收到，马上改正。老师辛苦了！"只剩小岚的家长迟迟未回复。我心想，可能家长此时正忙着其他事情，无暇查看手机吧。又过了一个小时，还未见小岚家长回复。手机屏幕前的我开始担心群里的消息太多，可能会将作业反馈冲刷掉，影响家长及时查收，于是，忍不住使用了艾特功能。这一艾特果真奏效，小岚爸爸回复了。

"老师，你们没有课后服务吗？"小岚爸爸突然问了这么一句。

"有的啊，星期一到星期五都有的，有什么事情吗？"我疑惑地问道。

"那你们老师晓不得在课后服务时间指导学生写作业？放学后让我们家长指导，写什么写？"小岚爸爸说话的语气瞬间变得火药味十足。

"小岚爸爸，您好！今天是星期六，没有课后服务。我晚上批改作业时发现孩子的书写有小问题，所以第一时间反馈至本群，也是想提醒孩子，可以利用周末，在家加强书写！"牺牲自己休息时间批改作业，却换来家长的质疑，还是在班级群这样的公众平台，想到这，我内心的委屈瞬间涌上心头。

"我是小学没毕业，我没读到书，十多岁就出来混社会了，晓不得怎么辅导。"小岚爸爸依旧不依不饶地说着。

因为是新接手的班级，对家长的基本情况还不完全了解。到校后，我找到其他科任教师，进一步了解小岚的家庭状况，才知道她原来是一名留守儿童。父母为了生计，在她只有一岁的时候就外出打工了，小岚一直都是跟着年迈的爷爷奶奶生活。爸爸对小岚的期待是只要孩子健健康康平平安安就好，学习好与坏都不打紧。

可能是因为上次与小岚爸爸的不愉快沟通，我对小岚尤为关注。每次课堂提问，我不由自主地抽小岚回答。渐渐地，从最初的书写不规范，到越发自信，小岚的英语学习越来越好了，就连课堂展演环节，她都会主动举手上台表演。

我的目光追随着小岚，就连中午在食堂就餐，我的视线也不由自主地停留在小岚那。我发现了一个奇怪的现象：同样是在食堂就餐，她碗里常常只有白米饭，和其他同学碗里的饭菜形成了鲜明对比。起初，我还以为是她吃得快，重新打的白米饭呢。后来经常看到这种情况，于是忍不住问了她。

"小岚，你怎么不吃菜呢？"我走上前，俯下身子，用右手轻轻抚摸着小岚的头，询问道。

"李老师，其实我根本不想到学校食堂吃饭的，我想回家吃饭。"

"家里的饭菜肯定很香吧，既然想回家吃饭，那又怎么不回呢？"我不解地追问着。

"可是家人让我必须在食堂吃饭。"小岚低声细语地说着，眼里露出一丝无助和无奈。

"既然来学校就餐，光吃饭不吃菜，那可不行，得改，要不然营养跟不上的哦！"小岚依旧固执地没有吃。

这样下去可不行，还是得和小岚爸爸沟通一下。终于，我鼓起勇气，从班级微信群里找到小岚爸爸，加了好友，私发了一条消息给他："小岚爸爸，小岚是不是不想在学校吃饭？她中饭吃得很少，有时候甚至不吃，这可不行，时间久了会影响孩子生长发育的。"

"李老师，辛苦你帮我批评她，让她把饭吃了。等我回来，我再好好收拾她。"这次，小岚爸爸比往常回复群消息快多了。

后来又发现，小岚有好几次连饭碗都不端了，干坐在座位上看同学们吃。于是，我又把这情况反馈给了小岚爸爸，希望他能再劝一劝孩子。

"李老师，请问你现在还在食堂吗？"

"在，我还在食堂。"

"你能接听一下视频电话吗？我跟小岚说说。"

这是认识小岚爸爸以来，第一次视频聊天，也是第一次看清楚这个"蛮横"家长的庐山真面目，并非想象中的彪形大汉，而是一个20多岁面容俊秀的年轻小伙子。

经过我和小岚爸爸的几次共同劝说，再加之每次午餐我特意前往班级就餐座位查看孩子们的就餐情况，不爱吃饭的小岚也渐渐主动端起了热腾腾的饭菜和同学们开心地吃了。

"叮咚"，又是一个周六的晚上，手机再次收到一条来自小岚爸爸的微信。

"李老师，晚上好！今天给你发信息，是想对你说声抱歉，上次那件事，我有些鲁莽了。因为我和小岚她妈妈都不在小岚身边，平时根本无法辅导她的学习。想着学校有课后服务，孩子回家前应该早就在课后服务的时间写完作业了，所以才那样说了气话。后来，我跟孩子了解了有关课后服务的事，才知道，原来课后服务不是每天都有英语学科辅导的。谈到孩子的学习，我们也很无奈，我们自己文化程度也不高，学习差，估计她多少也遗传了我们家长。所以，我只希望孩子平平安安健健康康就好，学得好学得差，我就没那么在意了。对了，我还要感谢你，李老师。是你的耐心与贴心，让我看到了一个老师对孩子无私的爱。每次我打电话回去，小岚都会说，她好喜欢英语老师，喜欢上英语课，英语课特别有趣，她的英语书写和朗读背诵越来越好了，还经常上讲台参加对话表演。她还在电话里告诉我，现在每天都坚持在食堂吃午饭了。老师，你说得对，'知识改变命运'。谢谢你！能遇到你这样的好老师，孩子们有福了！"

看着微信留言，我的鼻子一酸，一股暖烘烘的热潮涌上心头，泪水不由自主地流淌下来，心像是断流的河床被涓涓的细流慢慢滋润。

技巧点拨

有时候，家长和老师对孩子的教育期待不一致，也会造成沟通不畅的现象。文中的李老师认真负责，很关注学生的学业，连周末也不休息，在家长微信群这样的公众平台群发孩子们的作业情况。这样的沟通自然便捷，但也产生了问题：表现优秀的孩子其家长自然欢欣鼓舞，而作业欠佳的孩子其家长便觉得压力山大了。哪个家长愿意自己的孩子被当众说学习有问题呢？小岚爸爸面对老师抛出的问题作业，闷声不答，在老师直接艾特后，忍不住反问课后服务的质量，其实这也是因为老师这种简单的沟通方式引起了不满情绪。

"只要孩子健健康康平平安安就好"，小岚爸爸本能地降低了对孩子的教育期待来维护自己的自尊。这自然是所有家长的共同心愿，但"学习好与坏都不打紧"的话语中，透出了家长远在他乡无法顾及孩子学习的无奈。高尔基说："谁爱孩子，孩子就爱他；只有爱孩子的人，他才可以教育好孩子。"不如先实现家长的教育期待吧！李老师通过自己的细心观察，从关心孩子的健康成长入手，与家长达成教育的共识，以一个老师对孩子每一餐饭食的贴心关爱赢得了家长的理解和感动。当家长、老师、孩子三者都在一种和谐友爱的互动里形成了教育的合力，孩子的学习自然也有了长足进步。

巧借"家长群",化解"不平意"

黄华南

"一年秋意浓,十里桂花香",桂花氤氲的秋季,整个校园都迷醉在桂香里,而我却无暇享受这当下的惬意。我在桂花树下,来回地踱步,一边等待着一个人,一边思忖着解决问题的良策。

远远地,一位年轻的女士在桂香的萦绕下匆匆而来。我微笑着迎上去,握着她的手,热情而诚恳地说:"小海妈妈,对不起!实在是我这个班主任处理问题有欠考虑……"

"这也太伤人自尊了,他还只是一个孩子呀……"没等我说完,小海妈妈就气愤地抢过话,数落起来。

小海是一个非常努力的孩子,为了参加学校一年一度的校运会,他铆足了劲。他利用课余时间,努力地练习,期望能晋级决赛,代表班级参加校运会。可是,事与愿违,小海没有通过初赛,为了班级荣誉,体育老师决定换人,我也及时与小海进行了沟通,小海也畅快地应允了。

本以为事情就这样解决了,可是,当天傍晚,结束一天的工作后,刚进家门,我就接到了小海妈妈的电话。

"黄老师,小海被换掉,回来就哭了,你们怎么回事?"小海妈妈以一种兴师问罪的语气质问我。

年轻气盛的我,就像一只好斗的公鸡,哪禁得起这种挑衅!我立刻提高了"分贝",高声地解释着。我的语气语调,与小海妈妈"平分秋色",谁也没说服谁。

当夜幕拉开时,一切喧嚣归于宁静,窗下的我,在无边的夜里平静下来，仔细地回想整个事件的来龙去脉。这时，我才清醒地意识到，把小海换掉，我应该事先跟家长沟通，是我处事太鲁莽，才导致了孩子有委屈，家长不理解。站在小海妈妈的立场上，她有这样的反应和情绪，情有可原，我应该耐心地跟她沟通和解释。

黑夜总能让人卸下防备，让人冷静地思考！

于是，我拿起了手机，回拨了小海妈妈的电话，约好在学校桂花树下见面……

"他每天起早贪黑地辛苦训练，临近比赛了却被换掉，你叫他怎么不难过？这太伤孩子的心了！哪能这样做呢！"昨晚的怒气，小海妈妈依然没有消解。但经过一夜的思索和反省，我已经做好了充分的心理准备。

"换掉小海的事，我没有及时与您沟通，让您对这件事产生了误会，是我不对！今天跳高选拔比赛，小海很努力地试跳了十多次，都没有跳过去，因为比赛关乎班级荣誉，体育老师跟我商量后，从大局出发，决定换人。我知道小海委屈，我也于心不忍，我还悄悄地跟小海说，如果他想参赛，也是可以的。"我一边娓娓道来，一边观察着小海妈妈，当小海妈妈听到后面的话时，脸上的怒气消解了些许，眼神也柔和多了。

"但小海是一个班集体荣誉感特别强的人，不愿意因为自己影响班级，他觉得不计较个人得失成就班级荣誉是值得的，他顾全大局的精神值得全班同学学习！你看，我还在班级群里面表扬了他，家长们都在为他点赞！"我把在桂花树下编辑的那条长长的文字展现在小海妈妈面前，小海妈妈一脸惊讶地看着我，然后靠近我，翻阅着家长微信群。

"小小年纪，如此胸襟！"一位家长夸赞道。

"舍小我，顾大家！小海妈妈教育得好！"又一位家长竖起大拇指。

……

小海妈妈一边浏览着家长们发自内心的"花式"点赞，一边难为情地说："老师呀，我也不是责怪你，只是我看到他哭我就心疼，就控制不了自己的情绪。"

此时，小海妈妈所有的怒气都消融在了家长们的赞美声中了，她的言语里还有了歉意，但小海妈妈还需要一个台阶。

"您的心情，我感同身受！我也是当妈妈的，看不得孩子受半点委屈。但成长道路上，总会有许多意料之外的事，进入社会，面对的问题更多，竞争也更激烈、更残酷，培养孩子坚强乐观的品质，才能从容地面对困难，才能更好地解决问题。而对于孩子回家的情绪倾诉，我们要合理处理，先了解事情经过，再积极安抚和鼓励。我作为班主任没有及时向你反映情况，是我的失职！在此，我向你说声'抱歉'！但我作为班主任，也要顾全大局……"

小海妈妈握住我的手说："老师，我也向您道歉！我太着急了，您的工作我理解，也会继续支持，希望我的莽撞没有给您带来烦恼！"

"老师、妈妈，你们在干什么呀？"小海不知什么时候已经来到了近旁。

"看桂花呀！"我跟小海妈妈相视而笑，异口同声地回答……

技巧点拨

家长群作为一个公众平台，蕴藏着"横看成岭侧成峰"的智慧。老师善于选择有利信息，会收到意想不到的效果。此文的班主任老师在一场没有硝烟的沟通中，巧借"家长群"，化解了家长心中的怒气，达成了和解，更增进了对学生的了解，共同推进了家长后续对孩子的教育。

家是孩子的港湾，当孩子回到家时，所有的委屈和脆弱都敞露无遗时，每一位妈妈都会在孩子的眼泪中失去理智，小海妈妈的愤怒是一种正常的宣泄。当老师给它细细地说明事情的原委后，"家长群"那段长长的文字和家长们的点赞，彻底扭转了小海妈妈的情绪，消融了小海妈妈的误解，让小海妈妈站在了一个更高的境界、更辽远的层次去看待事件，去对待孩子的教育。

随着互联网的发展和兴盛，"家长群"已然成为家校沟通的重要方式，有时，不妨巧借"家长群"，化解"不平意"！

给家长一次赞美与肯定

陈玛丽

"您好！您拨打的用户暂时无人接听，请稍后再拨……"电话那头再一次传来熟悉而又令人着急的声音。

为了更好地开展各项德育工作，促进家校沟通，学校安排班主任第一时间与新生家长取得联系，要求家长尽快下载《安全教育平台》APP并注册，以及完成"青骄第二课堂"的学习。

大部分家长积极配合，两项工作有序进行。然而几天过去了，后台显示我班小庆同学的家长两项活动都没有参与。

小庆父母离异，判给爸爸。我多次打电话联系小庆爸爸，遗憾的是均无人接听。我添加了几次他的微信，也都没有通过。

这天晚饭过后，微风徐徐，褪去了烈日的燥热，迎来了傍晚的片刻凉爽。我再次拨打小庆爸爸的电话。几声"嘟嘟……"声后，传来了一声慵懒的"喂……"，他接电话了！与这位素昧平生的家长的线上家访就此展开。

"陈老师，不好意思啊，我的工作不方便带手机，没接你电话实在不好意思啊，不好意思……"憨厚的声音里夹杂着歉意，"陈老师打我电话是有什么事吗？小庆犯什么错了吗？"他拘谨的语气里满是狐疑。

提到小庆，她那腼腆可人的模样顿时浮现在我眼前。"没有，我很喜欢小庆这孩子，她为人率真，还主动担任了寝室长，学习上……"将小庆入学以来的优秀表现与他沟通后，我肯定道："孩子的每一步成长都离不开家长的付出，小庆她非常敬重你。她还说家里孩子多，爸爸一个人养一大家，很辛苦。你是一位负责任的父亲，辛苦了！到时候要给你发一张优秀家长的奖状才好！"

"呵呵呵呵呵……"小庆爸爸在电话那头禁不住笑起来，这几声爽朗的笑声让我们的谈话不再局促，我也趁热打铁地追问道："小庆爸爸，班级群里要求家长完成的 APP 下载，你看能尽快完成吗？"小庆爸爸犹豫了一下答道："呃……好的，但我不会弄啊，你们学校总是搞这些名堂，到底有什么用啊？"小庆爸爸的语气一下变得很不耐烦。

窗外不知道什么时候全黑了，不远处的路灯投射的橙色光芒透窗而入，朦胧得不可捉摸。

我耐心地解释："小庆爸爸，你看你为了孩子们常年在外忙碌，小庆在学校的具体情况你也不太清楚，这个《安全教育平台》就可以让你关注到孩子在校的情况，进行家校安全教育互动……"待我耐心地将两项任务的重要性及意义细细与他说明后，我鼓励他："没关系，不会的可以在群里同其他家长交流，我也可以教你，要不，你先通过我的微信好友申请？"他通过我的微信申请后，我将流程发给了他。过了一会儿，他发语音道："老师，我是真的不知道该怎么弄，什么账号？是我的微信账号吗？"然后他截屏发过来他微信设置里的内容。我看到截屏后，发给他 APP 二维码，让他识别图中二维码，下载软件，他问我怎么识别。这时我才知道他原来是个智能手机"小白"呀！我觉得应该多给他一些鼓励与动力！

我静坐在铺满金色光线的书房里，看着手机里家长的信息，这位朴实的家长，四个孩子的父亲，同时也是年迈老人的儿子，公司的骨干……思绪飞扬间，小区里孩子们欢快的嬉闹声音传入耳尖，让无边的夜色变得柔和。

我发过去三个"辛苦了""不着急""慢慢来"的表情包，回复道："小庆爸爸，我将操作程序录制下来给你看，辛苦你照着视频操作哦，不懂的咱们再商量！"于是我拿出另一部手机，将整个过程边操作边讲解，十分详细地录制下来，并将小庆的账号和密码连同视频一起发给他。但是他在登录的时候把大小写搞错了，反复登录几次都不成功，最后还是我让他截屏给我才发现了问题。一个流程一个流程走下来，最终全部弄好了。

孩子的嬉闹声不知什么时候已经没有了，喧闹的马路也似乎突然安静了许多，柔和的灯光里，周围的一切都显得那么静谧美好。

"小庆爸爸辛苦了，多谢你的配合，早点休息吧，明天还要上班呢。小庆说你的工作很辛苦，看来她也知道咱们成人的世界没有'轻松'二字，哈哈哈！""呵呵呵，陈老师，谢谢你！这么晚了还打扰你，你才真的辛苦了。"感动！感动！这一刻，我感觉所有的疲劳瞬间消散！这位从未谋面的家长给我的感觉也亲切了许多。还没来得及回复他，他又发来一条信息："我这人脑子不灵光，什么都不会弄，给你添麻烦了，也不知道小庆是不是随我，她其实读书很努力，可是成绩总不太理想，可能像我智商不够。"我立刻回复道："不不，毕竟你从来没有弄过，大部分家长也都不太会弄，但是你愿意学习，关键还这么有耐心，最终把两个完全没有接触过的任务都圆满完成了，你的学习能力很强呀！"末了，我不忘赞美小庆父亲："你看你工作这么忙，下班了好不容易休息一下还在为孩子的事情操心，你真是负责任的好父亲！优秀家长的奖状等着你来认领！"

黑夜包裹着大地，她怀抱里的每一个生命都如初生的婴儿。是黑夜包容了喧闹，包容了浮躁，包容了悲伤，包容了疲倦，包容了一切颜色。唯有光，能够在黑夜里傲娇独行，烘托出一片温暖。

接下来的几个家长任务，如给学生订校服等，小庆爸爸都主动完成了，并将结果截屏发给我看。每到这时，我都会回复他一个大拇指，或者几句简短的赞美和肯定。

在一次家长课堂竞赛中，他积极完成了竞赛，并将竞赛结果截屏给我，我回复："不错哦！首次就得了70分！"他告诉我："我现在不怕搞这些家长任务了，不懂的时候就把你发的操作流程多看几遍，细细琢磨，如果再不懂就和我的厂友一起商量，或者问年轻人，你还别说这手机越用越顺手了！""哈哈哈，手机还是很有用的嘛，也不只是让孩子们打游戏嘛！""哈哈哈哈，是是是。"他接着说，"老师，我要继续参赛，反正不限次数，我多试几次，看能不能拿个100分！"如果你是班主任，碰到这样一位家长，想必你会跟此刻的我一样，内心无比感动！

这一刻，我似乎看到一束光照进我的心里，一束激励我在教育道路上砥砺前行的光！在光里，我似乎看到这位家长正面带微笑大步流星走向优秀家长领奖台。

技巧点拨

做好家校共育就犹如建好一个生态系统，学生是种子，家庭是土壤，教师是园丁。种子饱满，土壤肥沃，园丁辛勤才能为学生的健康成长提供有力的保障，而要这块土壤肥沃，就需要施撒养料——充满爱的肯定和赞美。

教育工作者都知道，肯定和赞美对孩子的成长起着至关重要的作用。其实不仅是孩子，家长也需要得到肯定和赞美。在与家长沟通交流的过程中，班主任也别忘了对家长进行肯定和赞美。肯定他对孩子的付出，对学校工作的支持，赞美他个人的优秀品质和孩子的听话懂事，结合具体事件的赞美可以更好地给家长带来努力被肯定后的喜悦，更好地建设家校共育这个生态系统。

对家长充满爱的肯定和赞美能拉近彼此之间的距离，从而顺利地进行情感交流，建立相互信赖的情感纽带，实现真正的家校共育。

PART 3

第三辑

守得云开——让家长感受到关爱

四月的天,特别明澈,阳光播洒在蓊蓊郁郁的树上,每一片树叶都是那么柔嫩……

创设活动，发现爱

魏爱萍

忙碌了一天，下班回到家，晚餐过后，我和往常一样去河边漫步。这样的四月天，正是"黄昏吹着风的软，细雨点洒在花前"，我的心，也如这大地满眼的新绿，欢欣如许。

正在我惬意之际，电话却不合时宜地响了起来。

"魏老师，今天大勇又犯错了吗？你们是不是批评他了？他怎么现在还没到家？出了问题谁负责？"电话里大勇妈妈连珠炮似的声音很不客气。

我心里咯噔了一下，大勇家就在学校附近，几分钟的路程，平时都是自己回的。这个时候怎么还没有回家呢？

"没有啊！孩子今天作文写得很好，还获得了加分。放学后我把他们送到等待区，解散时他跟我说自己回。"我调整好自己的情绪，如实地回答。

"家里不见他的书包，会去哪里呢？难道又去网吧了？……"大勇妈妈在电话那边着急地自言自语。

"六年级的孩子了，不会走丢的，您别担心。先去附近找找，我马上过去帮忙。"

路上，雨滴渐渐密了起来。大勇妈妈联系我，说在家附近的一个网吧找到了孩子。当我急匆匆赶到网吧时，只见网吧门口围着很多人，人群中大勇妈妈正一边骂一边扯着他的衣服："老师没有教你放学要按时回家？一天天就想着打游戏，游戏是你的命吗？"她的怒斥吸引了更多的路人驻足观望，可是大勇却一脸漠然，眼神还瞟向了路边的小吃摊。大勇妈妈更加愤怒，咬牙切齿地哭骂着："你一天不打游戏就会死？我上班累死累活，回到家还要来找你。我八字命苦,嫁错了丈夫,生错了崽,你们两个人就是想逼死我啊……"

我赶紧挤上前,把神色漠然的孩子从他母亲的手中"解救"出来,如同刺猬般的孩子轻轻吁了一口气。大勇妈妈看到我来了,仿佛找到了宣泄口,辱骂声更大了。我紧紧地握住她的手。突然间,她伏在我的肩上痛哭起来,那种撕心裂肺让我感受到她的痛苦和无助。此刻,任何安慰都显得那么苍白无力。我静静地站着,拍了拍她的背。好一会儿,这位母亲总算平静了些。我轻轻地安慰:"我们一起努力,一切都会好起来的。"我又转过身对孩子说:"先把书包收起来,还没有吃饭吧?都这个时候了,一定饿坏了!老师先带你去吃饭。"

细雨中,大勇利落地收拾好书包,径直从他妈妈身边走过,就好像这个女人是一团毫不相干的空气。这位可怜的母亲赶紧跟上,又死死地拽住他的衣角,大勇却用力地甩开她的手,看也不看她一眼。孩子的行为再一次激怒了她:"看我不打死你,白眼狼,我算是白养你了……"大勇冷漠的脸上忽现难堪,两条眉毛已经快要纠结到一起,嘴巴抿得更紧,眼神就像是两片刀。"大勇妈妈,咱们给孩子一次机会,你也信我一次,把孩子交给我,好吗?我带孩子去吃点东西,你先回家。吃完饭,我送孩子回去。"她睁圆了眼睛,满脸的不相信,极不情愿地收了口。

晚饭时间早已过去,我带着孩子来到一家面馆,给他点了一份牛肉面和一个肉夹馍。在等待的过程中,孩子几次看着我,手在兜里扭来扭去,他神色里掺杂着紧张。在母亲面前,他冷漠得像是没有表情的石头,而现在坐在桌子前,他又变回了那个稚嫩淘气的小孩。我笑着说:"先吃饭,今天我请客,管饱。"孩子眉眼的阴霾散去,满怀歉意地说:"老师,让您破费了。""请吃一顿不会让老师破产,放开肚皮吃。"孩子不好意思地笑了,笑容里还带着一点狡黠,这一刻我才觉得这才是那个活泼可爱的大勇。

吃完饭,雨停了,我建议去散散步。把孩子带到了河边公园一个安静的角落,坐下来后,我问:"吃饭的时候,你好像有事情要和我说,咱们聊聊吧。"

"老师,今天的事情很对不起,现在本来是您的休息时间,可我都没让您歇停。"

"比起你的对不起,我更想知道,你为什么放学不回家,而是去了网吧?"

孩子开始沉默,嘴又抿了起来。

"不想说,咱们就不说了。但老师希望你以后放学能准时回家,好吗?"

"老师,其实我不是打游戏上瘾。他们俩最近在闹离婚,每天一回家他们俩准在吵架,看见我回家了,我妈就连着一起骂。今天她上早班,回去肯定又是在吵架,我都快崩溃了,就去了游戏厅躲避。我也不愿意看到他们离婚……"大勇说着说着,声音变得哽咽,眼泪夺眶而出,泣不成声。

"家"变成了"火坑",父母被称为"他们",孩子说话时满脸的忧伤深深刺疼了我的心。我拍拍他的肩,说:"你这样做,只会加速他们离婚。为了这个家,我们一起努力。我明天找妈妈谈谈。但你以后放学要准时回家,如果他们吵架,你就把门关上,不管他们,你可以做到吗?"孩子点头答应。把孩子送回家之后,我向这位母亲发出邀请,让她明天到学校来,我们交流沟通一下。

第二天,大勇妈妈如约而至,来不及坐下,就是一顿连珠炮:"老师,我家大勇天天就想着打游戏,还说不得他,脾气暴躁,在家动不动就摔东西,您帮我教育教育他……"我给她倒了一杯水,让她在我对面的椅子上坐下,聊起天来。50岁的她,体弱多病,在超市上班,丈夫是一名货车司机,家里还有个女儿在读大学。

"孩子听爸爸的话吗?"

"最听爸爸和姐姐的话。但您快别说他爸爸了,当初这个儿子是他要生的,现在都好几个月没出去做事了,一天到晚就是扯胡子(一种玩牌活动),孩子也不管,家里整天闹得鸡飞狗跳……"她开始喋喋不休,我的脑海却浮现出孩子课堂上积极思考的样子,也回荡着孩子昨天的话:"我不想回家,看见她那样骂我爸爸,心里难受。"

"大勇妈妈,父母是孩子的第一任老师,家庭对孩子的成长至关重要,良好的家庭氛围可以影响孩子的一生。"我注视着她,"其实大勇在学校是个学习认真的孩子,成绩不错,也很乐于助人。只是最近你和他爸爸关系紧张，每天回家就听到你们在吵架，这让他心里很难受，于是就躲出去。如果你不希望天天去找他，他放学回家这段时间你们不要当着他的面吵架，好吗？"

她闻言睁大了眼睛，露出不可置信的神色。

"本周星期五，我们班上将举行一场亲子活动，希望您能参加。"

一个阳光明媚的日子，我们如期举行班级亲子活动——袋鼠跳，这是一种亲子拓展活动，母亲或者父亲一个袋子，孩子一个袋子，两个人同时到达终点才算胜利。

比赛在裁判的哨声中拉开序幕，在诸多参赛的家长当中，大勇和妈妈那对袋鼠，显得格外笨拙，大勇灵活的身体轻快地向前跳着，妈妈也用尽全力向前一蹦一跳，可活动才开始几分钟，衰弱的她已经不堪重负，气喘吁吁地跳跳停停。就在赛道过半时，大勇妈妈突然一个趔趄，双脚绊在一起，身体往前扑去。就在那一刻，大勇迅速地往前一跨，双膝跪地，匍匐在地上，用身躯稳稳地托住了母亲。大勇的脸上拂过一线痛楚的神色，他顾不上察看膝盖的伤势，而是侧过身躯，扶住了母亲，焦急地问："妈妈，妈妈，你没伤着吧？"等母亲站稳，又开始起跳，这次他紧紧地跟在母亲后面。就这样，他们娘俩在大家的注视中，几乎是互相搀扶着，缓慢而又坚定地跳到了终点。那一刻，全场响起了雷鸣般的掌声！

活动一结束，大勇妈妈就眼含热泪地来找我。"老师，谢谢您的良苦用心。今天在比赛的时候，我年龄大了，跳得最慢，中途差点摔倒，幸好孩子及时扶住了我。后来一直在后面保护我，还一路安慰我，让我别急，慢慢来，说我腰不好，别闪到腰，能跳完就是好的。我从来没有想到他会如此体贴和有耐心。看见自己拖了他后腿时，我以为他会责备我，可他没有。其实他还是蛮心疼我的。我平时对家里人太苛刻了，脾气不好，容易动气骂人。您今天的这个活动让我懂得人与人之间要多点理解和包容。去年我腰椎间盘突出住院，他爸爸每天开完车就到医院来陪护，开车就蛮辛苦了，晚上还要照顾我，可他没有丝毫怨言……"说着说着她的声音变得哽咽，"我以后一定注意，尽量不乱发脾气，学会宽容。我想，困难只是暂时的，一切都会好起来的。谢谢您！"我们的手又紧紧地握在了一起。

四月的天，特别明澈，阳光播洒在翁翁郁郁的树上，每一片树叶都是那么柔嫩。我抬起头，发现大勇正满脸春风地跑过来，带着"新鲜初放芽"的喜悦和希望。

技巧点拨

有一种距离，是我就在你身边，无尽地爱着，眷恋着，你却无从知晓。大勇深爱着自己的家，深爱着父母，面对父母的情感危机，面对家庭即将分崩离析，大勇无法改变，只好逃离。躲在网吧的大勇是苦痛的，这种苦痛，除了来自家庭的矛盾，还有来自母亲的不理解、质疑和责备。母亲深爱着儿子，却在儿子的拒绝和逃离里悲愤绝望。大勇和母亲之间，虽近在咫尺，却隔着厚厚的障壁。

作为班主任，魏老师透过孩子在母亲面前和在学校截然不同的异常表现，敏锐地发现了母子矛盾产生的原因。魏老师借"袋鼠跳"的亲子活动，创情境，架桥梁，越过情感的鸿沟，让母亲看到孩子真实的内心，意识到自己对孩子的误解和态度的粗暴，意识到对亲人的无端指责正在让家渐行渐远，意识到自己其实一直都生活在丈夫和孩子的爱里。

一次亲子活动，纵身一跃，让家长和孩子跨过情感的藩篱，看见相恤相惜相爱的母子亲情。这份爱，恰恰是消融所有苦痛的力量的源泉，启示着和解与回归的方向。

班日记，让阳光照进来

蒋　妮

入秋后的傍晚，依然闷热，空气里藏裹着夏末的余温，疏枝无力地摆动着。偌大的办公室里，不时飞来几只烦人的苍蝇，越是想赶它们走，它们越是在头顶盘旋几圈，似乎在和你摆阵示威。

耳畔还回响着下午的一通电话，内心久久宁静不下来。

"老师，我儿子在学校上课认不认真？有没有打瞌睡的现象？有没有按时交作业？我每次叫他在学校要遵守规矩，他都不当一回事。"

电话那头是我班一位学生的父亲，声音响亮，中气很足，但语气硬朗，给人一种指责和命令的感觉。他的儿子，是我班学生，身材高大魁梧，眼睛有神却罩着一副黑边圆形眼镜。男孩平日很有个性，成绩不是太好，却有着少年特有的自负。

"家长您好！您孩子在学校能够遵守校纪班规，偶尔有不按时交作业的情况，"作为班主任，我给予答复，"不过也请您放心，我们老师会……"

我话未说完，宏亮的声音又一次扬起。

"老师，我孩子数学总上不了120分，我想叫他去参加培优，他就是不听。英语也是一样，我给他请了最优秀的老师补习，他也不乐意。在家里整天拿本小说看，从来不看考试相关的书。老师，他听你的话吗？你这么年轻，你管得着我的儿子吗？"

电话那头家长连珠炮似的说个不停，我眉头紧蹙，意识到可能遇上棘手的家长了。

周三晚自习时间，学生按要求做下发的语文试题，我在教室巡视。原本只是巡视而已，可一转身，陡然发现坐在后排的男孩遮遮掩掩，全神投入。很显然，他没有做语文试题！"是他，下午打电话来'投诉'孩子的那个家长正是他父亲。"

待我走到近旁，他还沉浸在其中，果不其然在看网络玄幻小说。被我撞个正着，一时无话可说，男孩脸"唰"地红了。

随我来到办公室，男孩磨磨蹭蹭，倒也镇定了些许，高大的个，迷幻的眼神，看似还没从小说中挣脱出来。没待我开口，他随意地甩出一句话来："老师，我不想做试卷！你管我也没用，你管不了我的！"

顿时我蒙了，空气凝固，内心五味杂陈。一句"你管不了我的"，冰冷的言语，散漫的态度，这是我的学生吗？他的父亲背后为他事无巨细做了详细周密妥当的安排，一句"不想做试卷"，这多辜负家长对他的期待呀！一想到这里，我的内心隐隐难受。

"你先进去做题，明天我们再聊好吗？"我艰难地舔了舔干裂的嘴唇，好不容易挤出一句话来。

第二天，我拨通了家长的电话，诚恳邀请家长周末来校交流。

出现在眼前的这位中年男人，40岁左右，留着一头短发，眼睛深邃有神，鼻梁高挺，内里白衬衫的领口微微敞开，神情很是焦急。

"老师，我儿子在学校看没看不正当的小说？"

"老师，他去参加培训了没有？我打电话催过他，他不肯听我的，唉！"

"老师，他上课认不认真，作业有没有按时交？"

……

我认真听着，几番询问后，家长依然焦急不安。

"家长，我理解您对孩子的担心，让我们看看能否一起来为他想想办法。"我顺手搬过来一张凳子。

"老师，你不知道，我们是想要他考最好的大学！我们工作很忙，孩子妈妈在外地，我在家当爹又当妈的，孩子的事情不看紧盯牢，再长大点翅膀硬了，就管不了了。我在单位，下面的人都很听我的。"

家长很强势，在单位，人人听从。在家里，也想凭借强势来镇压管教自己的孩子。可是，孩子靠这样看管得了吗？管教的结果又怎样呢？

我没有告诉家长孩子晚自习看网络玄幻小说的事情，更没有说出孩子甩给我的那番话，我不想去猜测家长知道后会是什么反应。此时的我，只想让家长进一步来了解自己的孩子。我拿出班日记，班上每位学生轮流值日一天，记录班级日常情况，后面写自己的值日心得，还有一个感恩父母的环节——"我想对爸妈说……"。正巧周五是男孩值日。

家长打开厚厚的班日记，眼神瞬间被熟悉的字迹吸引。"我知道我的父母爱我，什么都帮我安排好，可是我不喜欢这样的方式，我就是不想听他们的，我不愿意感恩他们。我没有自由空间，从小到大都是一样，他们不相信我，不信任我，我想要自由！"

"这个兔崽子！我我我……"家长嘴里嘀咕着，眼神却有了些许黯淡，双手不停地交替搓着。

"孩子需要的是父母的认可与陪伴，需要的是老师的认可与赏识！有一句话说的是，担心是诅咒，放心是祝福！我们应该给孩子自由空间，足够相信他，让他尝试挑战，面对失败，体验成功。哭过，笑过，抓狂过，这是孩子的成长经历！"

家长一时无话可说，但眼里依然充满着狐疑的神色。

"家长，我以前就听说您是有名的大才子，文章写得极好，这本班日记上有很多家长留言，期末时我们班要举行'真情大碰撞'的活动，评选最佳留言，请您在这本子上给孩子写几句吧。"

上课铃声响起，我匆匆走向教室，走出门时，我回头，看到家长拿起了那本班日记，漫不经意地翻看着……

待我回到办公室，家长已经离开了。桌上，那本班日记静静地放着。我翻开那折叠的一页，家长遒劲的文字映入眼帘。手机提示有信息，我一看，是家长发过来的：

"老师，我要感谢你，要不是你说让我给孩子写留言，我还真没认真想过我对孩子的教育有问题。这本班日记上，非常多的家长留言让我很震撼，他们都有着很好的教育经验；非常多的孩子的真心话让我很汗颜，我以前太漠视孩子的感受了，孩子不想感恩我，我挺伤心的！不过现在我已经意识到自己对孩子的爱全是担心和管教。老师，你也说得对，担心是诅咒，放心是祝福。老师，无论对与错，无论好与坏，让他自己去思考、去判断。我应该足够相信他，放下无用的担心，给他自由，相信孩子，就是祝福孩子！现在，孩子跟着你学习，我十万个放心！"

我看着桌上厚厚的班日记，它像自带魔法一样散发着耀眼的光芒。

这之后的早读课，男孩的声音变得响亮了；课堂上，男孩举手积极了；试卷上，男孩的字也遒劲有力了。

窗外，微风飘过，送来了秋的味道。丝丝凉爽，沁人心脾。杨柳，舒展着身姿；湖水，泛起涟漪。

技巧点拨

在班级管理工作中，很多班主任会用到班日记。一本班日记用得巧妙，能起到"他山之石，可以攻玉"的效果。一本班日记，让学生写真实的生活，晾晒真实的内心世界，让阳光照进心田；让家长积极留言，群策群力，每一份家长留言背后都是一个具体的家庭教育案例，家长们可以借鉴，可以反思；让教育少一些沟通不畅而引起的误解，少一些情绪黑洞的阴暗，让阳光照进来，敞亮，通透，自由。

文章中的这位男孩，家长干预越多，孩子抗拒越强烈。对于这样的学生，老师敏锐地在班日记中寻找到了问题根源，家长是原件，孩子是复印件。要想解决孩子的问题，先从了解家长做起，并适时引导家长。

对文中这位心中有怨气和不满的强势家长，班主任老师除了耐心聆听之外，还巧妙借助班日记进行家长与孩子的书面文字交流，孩子写的真心话戳伤了家长的内心，家长要写留言，一定会认真思考并反省自己给孩子爱的方式是否恰当。一本班日记，架起了班主任、家长、孩子三者之间阳光下的沟通桥梁。

倾听三部曲

刘小勇

那个夏天很炎热,太阳火辣辣的,树上的叶子早就耷拉着,知了有气无力地叫唤着。我正在教室守着班级学生午休,突然,从校门口传来一阵争吵声。其中一个声音特别突出:"我的小孩到了水库洗澡,学校怎么不告诉我?出了事谁来负责?……"

这时,一位年长的老师跑着找到我,着急地告诉我:"刘老师,你班上的小A和几个同学在水库里洗澡,被家长发现了。现在这几个家长就在校门口,要学校给个说法。"趁着我们快步走向校门口时,这位年长的老师善意地提醒我,这个家长不太好"对付",已经到学校来"闹"过好几次了。

我小跑着来到这几位家长的旁边,只见一位40岁左右的男人,头戴着一顶斗笠,脸色通红地大声叫嚷着;一只裤脚没放下去,星星点点的泥巴还沾在脚上。他的旁边还有几位家长,装束和他差不多,大概是田间劳动后,没来得及仔细清洗就赶来了学校。此时,他们正面红耳赤地和我的同事争论着,尤其是我班那个小A的爸爸,更是"气势十足",大有不达目的不罢休的架势。

我接手这个班级的时间还不长,部分家长不认识我。小A的爸爸,并不知道我就是小A的班主任。我静静地站在他旁边,认真听着他的诉说。从他口中,我得知了事情的原委:他们的孩子中午没有在学校搭中餐。家人在家没有等到孩子,就一路往学校方向寻来。结果,正好发现几个孩子在路边的水库洗澡。爱子心切的他,发现孩子在做这么危险的事情,二话没说就拉着孩子赶到学校讨要说法,责怪学校没有管理好孩子。我一边听着,一边不时地点头附和："是啊，真让人担心。"

他见我认可他的说法，逐渐放松了心里的防备，脸色也开始恢复平静。我乘机告诉他，我就是小A的班主任，并邀请他到办公室坐一下。我为他倒了一杯凉白开，他毫不客气地一把接过，一饮而尽——这么热的天气，这么激动的心情，这么大声地嚷嚷，不渴才怪！

我为他再续好一杯水，坐在他对面，心平气和地与家长聊起他的孩子："小A在学校的表现还算好，只是偶尔会出一点小差错。"听着这些，他也不忘回应："是的，这孩子在家里也是这样，大错不犯，小错不断。"我还对孩子的危险行为表示了担忧："今天真是万幸，被及时发现了。万一有个闪失，发生溺水事件，后果不堪设想。"他频频点头，对我的理解表示感谢与认同。我还对他的激动心情表示了理解："天下父母心，没有哪个父母看见孩子私自在深不见底的水库洗澡而不担心、不着急的。"他的脸色逐渐缓和，不再排斥我和他的交流。

接着，我告诉他学校进行了哪些安全教育，并给他看了我的工作记录本。工作记录本上，有班级工作的详细记录——何时进行了防溺水教育，何时进行了交通安全教育，何时进行了孝敬父母的教育……上面还有我找他孩子谈心谈话的记录。我告诉他，师者父母心，每一个学生，我们都会用心对待，就像对待自己的孩子一样。这时，他的情绪已经基本平复了下来，能够和我进行正常的沟通了，不再单方面怪罪学校、怪罪老师没有进行安全教育。

我见第一步目标基本实现，便趁热打铁，提出家校合作的要求。我说："孩子的教育不能单靠学校，安全教育同样如此——学校、老师有教育的义务，家长也同样担负着教育的责任。当孩子出现问题时，我们要寻求的不是指责，而是共同配合，共同教育。"我给他举了身边的例子，也讲了"孟母三迁"等经典故事。我告诉他教育孩子要从日常关心做起，每天坚持过问孩子的作业，关心孩子的表现，关注孩子的一言一行……我仿佛一个"资深"家长在教育一个"初为人父"的青年。我真诚地望着他，这位粗犷的农村男子在我这个比他小很多的青年教师面前，慢慢有了腼腆的神色。

临走，这位家长再三跟我道歉，说不该在学校大声吵嚷。家长走后，身边的同事围过来，都说为我捏了一把汗，没想到事情就这样圆满地解决了。他们好奇地问我是怎样把这样一位"难缠"的家长搞定的。我想，共之以情，晓之以理，教之以法，是化解这次危机的诀窍，也是家校沟通中必须掌握的倾听技能。

技巧点拨

倾听是一种了解别人的方式，更是一种与人交往的智慧。善于倾听的人给他人提供了一个缓解压力、获得宁静的港湾，更容易获得别人的信任。家校沟通中，要善于倾听，并在倾听的基础上，一步步地接近家长，走进家长的内心，从而达到高效沟通的目标。

首先，共之以情。认可家长的诉求，从某种程度上来讲，就是对家长的尊重。如果家长的认识有不当的地方，我们可以提出来。但是，班主任要把握提出来的时机，绝不是其中一方无法进行沟通的时候。

其次，晓之以理。家长来到学校，进行家校沟通，肯定有他觉得必要的地方。此时的班主任，不要急着辩解，而要以事实打消家长的疑虑，从而放心地与教师沟通。

最后，教之以法。倾听的目的，不仅是了解事情的经过，还要找到解决问题的方法。作为教育专业人士，还应适当地给家长提出家校合作的建议，让家校更紧密地联系起来。

少争对错,但行沟通

唐晓荣

"叮铃铃……"一阵铃声响起,刚进家门的我还没来得及卸下这秋老虎的酷热暑气,就被一道急切的声音拉了回来:"唐老师,你班雷万钧跟对面楼的女生吵起来了,喊得好大声,整栋宿舍的同学都听到了……"

又是雷万钧,我心里一沉,他这火爆的性子什么时候才能改一改?我赶紧让宿管老师把他单独叫出宿舍听电话,暂时平息了这个"热血男儿"的怒火。

雷同学人如其名,做什么事都是"雷霆万钧"。前几天才因为一点小事跟班上同学闹了口角,今天又跟女生发生冲突,这一点就炸的性子到底是随了谁呀!也不像他妈妈呀,印象中雷万钧的妈妈几乎从来没有主动联系过我,她在家校群里一般都很安静。论理,她的孩子不该这么冲动啊!

"要不然让他退宿算了!"我在心里嘀咕着。

我发了一条微信给他妈妈,告知了今晚的情况。许是太晚了,手机那头一直没有回音。

第二天一早,刚开机便收到了他妈妈的回复:"唐老师,对不起,晚上睡得早,没看到微信。我儿子平常性格蛮内向的,应该不会随便跟人吵架的,是不是有什么误会啊?"回复时间是5点52分。

我也希望是误会啊!看着微信我在心里苦笑了一下。看来,妈妈并不太了解自己的孩子。还是当面跟家长谈一谈吧,我心里做出了决定。

下午6点15分,太阳依旧悬在半空,固执地不肯离去,办公室里空调已被断了电,还剩一点凉气在苦苦支撑。

"唐老师，我……我……"

眼前这个脸颊黑红，有点拘谨的女人是雷万钧的妈妈。我有点诧异一个暴躁冲动的孩子的妈妈竟然如此朴实、腼腆。

她似乎更加局促不安了，但最终还是嗫嚅着说道："唐老师，我不是在为我儿子开脱，虽然我儿子有时候有些调皮，但是他性格有点内向，应该不会跟女生吵架的。这当中是不是有什么误会？"

听她重复着微信里的内容，我心里顿时明白，她对自己孩子的信任有点盲目了，对自己孩子的了解怕是也过于自信了。说到底，她最在意的是孩子有没有做错事，而不是孩子为何会这样做。

"这样吧，我们来听听雷万钧自己怎么说吧。"我把沟通的主动权交给这对母子。雷万钧倒是敢作敢当，语气生硬地承认是自己跟女生吵了架，但认为是女生先拿灯乱照男生宿舍，他才出口骂人的，他这最多算是回击，所以觉得自己没犯什么大错。诚然，事情并非因他而起，是那名女生有错在先，但事情却因他走向更恶劣的后果。解决这件事的方法很多，他却选择了最情绪化的方式，任由情绪主导自己的行为，这才是让我如此忧虑的原因。

她惊呆了，看着我，张了张嘴，却什么也没说出来，半晌才急急地向我道歉："唐老师，不好意思，孩子小，还不懂事，给您添麻烦了。"一边弯下身子，一边手忙脚乱地去扯雷万钧，让他认错，但是倔强的男生并不理会，只是梗着脖子站在窗边，任由阳光直射。

"钧钧，你……听话……你怎么是这样……"她结结巴巴地又开口说道。可旁边的男生仍然没有回应。

她对孩子的了解如此不全面，看来雷万钧的暴躁冲动也并非无迹可寻。望着这对既熟悉又陌生的母子，我决定改变之前让雷万钧退宿的计划，跟家长好好聊聊。

安排雷万钧回教室后，我问她道："刚刚雷万钧过来说话，看您好像很惊讶的样子，他在家从来没有这样说话吗？"

"没有，"她先是很笃定，后来又不确切地说道，"很少，他在家都很少说话的，所以我都没想到他竟然会这么说话。"

"那你平常跟他聊天聊得多吗？"我问道。

"有时候聊，但是每次问他一些问题，他又不肯跟我说，所以经常聊不了几句。"她突然有些委屈地说道，开始向我诉说自己的艰辛。原来她是带着儿子改了嫁，自己在工地辛苦上班，平常也没多少时间照看儿子，从初中起就让儿子寄宿，所以真正与儿子朝夕相处的时间真的不多。"都说'知儿莫若母'，但我却没有底气说出这句话。"最后，她颓然地说道。

是啊，不了解正是沟通最大的障碍。看着眼前这位母亲满眼心酸，我开口安慰道："会好起来的，我们一起努力。"

"唐老师，这孩子怎么办？"面对儿子的问题，这个腼腆的妈妈终于大着胆子向我求助道。

"首先，去了解孩子为什么会这样做，比孩子有没有做错更重要。所以不要说孩子怎么办，而是说我要怎么办。"我严肃地回复她。

她怔住了，若有所思。片刻后，她朝我点点头："唐老师，我想我明白你的意思了。我先想想我可以做些什么。"

"嗯，我们一起努力，有什么问题随时联系我。"我拍了拍她的肩膀，再次重复那句话。

过了半个月，天气终于转凉爽了。"唐老师，我发现钧钧最近变了不少，最近我每周周日中午都在家等他回来一起吃饭，虽然他还是没怎么说话，但是跟我亲近了不少，我感觉得出来。"看着微信，我可以想象得到雷万钧妈妈此刻开心的模样。

"唐老师，我觉得我更理解我家钧钧了，他以前暴躁冲动可能是因为平常沉默太多、太久，情绪总是没有发出来，一旦爆发就很容易冲动，是我不好，以后我会好好引导他的。"隔了一段时日，我再次收到雷万钧妈妈主动发来的微信。

"唐老师，我听了你的建议，今天带钧钧去种菜了，他果真和您说得那样，干活非常认真……"她变得更主动了，而雷万钧也终于变得不再那么冲动了。

窗外，凉风轻柔，秋意正浓。那"青山绿水，百草红叶黄花"的秋天真的降临了。

技巧点拨

有一种有效的沟通是走一步，想三步。面对具体矛盾，沟通是少争对错，只找问题。

案例里的妈妈从一开始执着于孩子是不是做错了事情到最后不再争论孰是孰非，而是以问题为导向，透过事情表面发现问题，思考如何解决问题，这时才开始走进真正的沟通。

沟通是改变自身，再行引导。唐老师改变了之前让孩子退宿的想法，转而帮助这位母亲分析问题，让沟通变得有效；这位母亲在之后的日子里也努力做出了改变，给予孩子更多的陪伴，增强与孩子的亲密联系，为良好沟通打下坚实基础，并在日常陪伴中通过孩子感兴趣的活动，进一步教导孩子，教孩子为人处世。渐渐地，孩子也越来越愿意与她沟通，接受并遵循她的教诲，变得不再暴躁而冲动。所以，从自我改变开始，少争对错，但行沟通！

语言表达力就是"生产力"

姜力强

晚自习，我突然接到值日领导的电话：

"小姜，你尽快来教师办公室一趟。"

声音不大，语气不重，但我知道肯定出事了，一路忐忑地赶到办公室。

此时，办公室里坐着两位——值日领导和我班的数学老师C老师。旁边还站着一位，是小Z，他两拳紧握，我似乎还看到他眼神喷射着怨愤。

说起这小Z，他很聪明，很灵活，虽然刚转学过来，但很快进入状态。不过，这孩子鲁莽易冲动，有时说话做事"一根筋"，容易惹事。虽然他不让人省心，可还没见过这"杀气腾腾"的模样呀，咋回事呢？

原来，晚自习时，C老师询问学生作业情况，了解到小Z作业没有交，便要求他将作业本上交检查，小Z却一脸无所谓地慢吞吞站起来，借口说要上厕所。C老师没有应允，再次强调上交作业，他置若罔闻，头也不抬，反而用笔"嗒嗒"地敲桌子。C老师见状，批评了他几句，可小Z没有一点收敛。于是C老师忍不住伸手去翻看他桌上的作业本，小Z毫不示弱，跟老师争执起来……教室里瞬间乱哄哄一片。值日领导来了，便将小Z"请"出了教室。

"小姜，这件事情造成了比较恶劣的影响，你这个做班主任的，要妥善处理。"值日领导指示道。

一旁的C老师一脸愠色地说："姜老师，你看，我的手还被他抓破了。一定要喊他家长来，让他们看看，他们的小孩有多顽皮。"

看着C老师手上赫然的几道指印，我感到愧愤交加，只好先安慰C老师去医务室擦点药，然后立刻联系小Z家长。

我掏出电话，深深呼了口气，平静一下心情："小Z爸爸，不好意思，晚上打扰了。小Z惹了点事……"

"什么？又惹事了？这个砍脑壳的！又惹什么事了？"电话那头咆哮着。

我吃了一惊，小Z的这脾气莫非有遗传啊？我顿了顿神，说："哦……小Z爸爸，电话里面三言两语也说不清楚，您看，能尽快到学校一趟吗？"

我挂断电话，转身摸摸小Z的头，叹道："小Z啊，你已经是小男子汉了，应该能够辨别是非对错了。按时完成好作业是你们学生应尽的义务；管教你们，是我们老师应尽的职责。你不但没有尽好自己的义务，还伤害了关心你、负责任的老师，对班上的秩序、班级的荣誉，还有你的个人形象，都造成很不好的影响。哲人教导我们'愤怒以愚蠢开始，以后悔告终'，是很有道理的。"

小Z听后，低下了头，先前"嚣张"的气焰也收敛了许多……

小Z爸爸匆匆赶来，一进办公室，便怒不可遏地对小Z说："砍脑壳的，你莫读了！莫读了！给我滚回去！快点！"然后就要用脚去踹小Z。我见状，赶紧拉开小Z，拦住小Z爸爸："小Z爸爸，您先消消气，先消消气。小孩子也不是一天就能教好的。我们两个出去谈，出去谈。"我拉着小Z爸爸走出办公室。

"这个砍脑壳的，周末放假的时候我就想打他了。在家里讲他几句，他脾气暴得很，比我们还凶，就好像一家人都是他养着的一样。我大哥的两个儿子就懂事，好自觉，不用管，现在都在读大学了。哪像他！"

"小Z爸爸，我是老师，同时也是一个父亲，你望子成龙的心情，我完全能够理解。毕竟是自己的儿子，'砍脑壳的'那种称呼是要不得的。你不能因为你两个侄儿不用管、都有出息，就觉得自己的孩子也应该如此。你想想，五个手指头都有长短，何况是我们人呢？就算是一个娘胎里出的亲兄弟都有可能天差地别。"

"是的，如果他确实不是那块料，就干脆不读了，回老家跟伯伯种田！"小Z爸爸忿忿地说道。

"说到种田，我觉得培养孩子其实也像种田。你看，这段时间在插秧，插下秧也必须过那么久的时间才能生稻谷。在这期间，田干了，还要抽水；生虫了，还要杀虫；长草了，还要扯草。拔苗助长，或者放手不管，都不可能有好收成。"

我见小Z爸爸终于平和下来，便简单叙述了这次风波。

"我觉得这次事件主要还是因为小Z性格冲动，刚才你也说了他脾气暴躁。孩子往往就是父母的一面镜子，这一点上，我觉得做父母的也值得反思。"

"听老师这样一说，还真是。唉，这孩子随我。"小Z爸爸此时怪不好意思地挠挠头，憨憨地笑了笑。

"只能说父母榜样的力量太强大了。"我趁热打铁，"孩子的问题，往往根源在我们身上，所以我们做父母的要尽力地做好自己，特别是在孩子面前。现在我们先把今天发生的事情处理好，让小Z认识错误，下决心改正，然后陪他一起向C老师道歉，一起教育他要慢慢学会控制自己的情绪。"

"是的！是的！姜老师，实在抱歉了，抱歉了，小孩子不懂事，我们家长也没有做好，给你们添麻烦了。特别是对不起C老师了。"小Z爸爸紧握着我的手，诚恳地说。

回到办公室。

"小Z，这大晚上的，你爸爸放下那么多事，火急火燎地跑到学校，来帮你解决问题。你看，他多关心你啊！打是疼，骂是爱，我想，聪明的你是能够理解的。"我拍着小Z的肩膀说。

"老师……我知道错了……爸……真的……对不起……"小Z噙着泪，哽咽着。

"嗨，儿子，男子汉敢作敢当！爸爸也是十多岁就出去闯世界，养家糊口了，相信你也不是孬种，你要学就学爸爸吃苦耐劳、敢拼敢搏的性格，千万别学爸爸那臭脾气。老师是父母亲心肠，以后一定要尊敬老师。走，跟我看看C老师的手伤有没有事，向C老师真诚道歉，答应老师好好学习，认真写好作业。"小Z爸爸伸出强有力的胳膊，一把将儿子揽在怀里……

技巧点拨

斯大林说:"语言是工具、武器,人们利用它来互相交际,交流思想,达到互相了解。"对于教师,尤其是班主任,语言表达力就是"生产力",语言表达将直接影响与家长交流的质量。

这个案例中,语言表达方面有三点值得品味:一是尊重家长。特别是对于"暴躁型"的家长,班主任老师要小心谨慎、诚意十足,给他们被尊重、被重视的感觉,争取他们的理解和支持。二是尊重教育规律。德国哲学家弗洛姆说:"人们生而平等,但又生来个性各有千秋。"面对小Z爸爸的"怒不可遏",班主任老师顺着他的话语,跟他谈了许多有关教育规律的问题,不仅平息了他的怒火,也启发了他对教育的思考、对自身的思考,潜移默化地提高了家长的教育能力。三是探寻问题根源。小Z同学火爆性格的形成因素也许有很多,但抓住根本原因才是关键,这样才能更好地帮助孩子解决问题。

总之,班主任老师要努力用好语言这一工具、武器,让每次沟通,都能架起家校合力的桥梁,让每次谈话,都能成为温暖人心的阳光,帮助孩子健康成长。

创设交流的情景

胡欧娜

又是一年元宵时，望着窗外那一排排旋转的走马灯，我的思绪不禁被拉回到几个月前……

那天的天气有点微冷，淅淅沥沥的雨点时不时敲打在办公室的玻璃窗上。望着小A离去的背影，我内心五味杂陈，坐在办公室陷入了沉思。其实我对小A的父母要离婚这件事感到非常震惊。我与他的妈妈时常有家校联系，也没有听他的妈妈提起过，怎么会这么突然？会不会有难言之隐？我不好干涉，但是小A的内心现在又如此敏感，怎么办？我心里犯嘀咕。经历了思想斗争，我还是决定先去找小A的家人了解情况，再想办法减少这件事对小A的伤害。

望着窗外的夜色，我怀着复杂的心情拨通了小A妈妈的电话："喂，您好，小A妈妈，这么晚来打扰您，有件事我想和您说一下。"

"您好，胡老师，请问发生什么事了？"小A妈妈着急地问我，以为小A在学校又调皮了。

"今天小A在学校情绪波动挺大的，学完《牛郎织女》这篇课文后，他趴在桌上大哭，伤心地问我为什么自己的爸爸妈妈不能像牛郎织女一样相爱，克服困难在一起，而是要离婚！请问您和他爸到底怎么了？"我把今天的事情一五一十地叙述给小A妈妈听。

小A妈妈却比较坚定地说："是的，我和他爸爸分开住一段时间了，下周就去办离婚手续了，没有和好的可能了……"

听完小A妈妈的回答，我心里咯噔了一下，没想到他们会这么快、这么坚决地去办离婚手续。

"可是今天这孩子真的让我很心疼。小 A 是一个乐观开朗的男生，平时遇到什么事都是笑呵呵的。可是这次非常不一样，当着全班同学的面，这样歇斯底里地大哭，表现真的很反常！"我分析小 A 的情况给他妈妈听。

电话那边半天没有回应，过了一会儿，传来了小 A 妈妈的抽泣声："我没有想到小 A 会这么难过。他在家里好像表现得挺无所谓的，不太在乎这个事，我也问了他……"

"他非常在乎呢！"我肯定地说。

"这孩子在学校这样哭，我确实没有想到……"小 A 妈妈哽咽不已。

"这件事可能在他的心里一直压着，最近连学校的活动都不怎么爱参加了。今天下午我在批改他的作业时，也发现了他的这个'秘密'，他说他心中的'野草'就是爸爸妈妈要离婚，他能做的就是不去想这个事情。可能他并不是不在乎，只是觉得自己无能为力。"我用小 A 的表现证明着他的在乎以及这件事对他的影响。

电话那头又一次传来了抽泣的声音……

"不管你和他爸最终怎么样，但是一定要多关注孩子，尽量减少这件事对他内心的影响。"我叮嘱着小 A 妈妈。

"好的，我知道了，我这边会好好安抚孩子，也会再找他爸谈谈。"

听到她还愿意找小 A 的爸爸谈谈，这让我看到了一丝希望，心想：要是他们愿意沟通，那事情也许有转机。

小雨过后，天气逐渐放晴，午后的阳光慵懒地洒在长廊上。我路过教室，发现班上孩子们在科学老师的指导下正在认真地制作走马灯，一盏盏点亮的走马灯旋转了起来，孩子们无比兴奋，整个教室充满着欢笑声，但是有一个小小的身影似乎不太合群，无精打采地趴在桌上……

下课后，我又把小 A 叫到了办公室，轻声问他："怎么不和同学一块制作走马灯？"他低下了头，欲言又止，我拍了拍他的肩膀温柔地对他说："别怕，有什么事和老师讲。"小 A 慢慢抬起头说："每年的元宵，我们一家人都会去看花灯，我最喜欢看旋转的走马灯了，可是……以后肯定不行了，他们现在还是没有和好。"听完小 A 的原因，我对他又多了几分心疼，我决定晚上再找小A的爸爸谈谈。

我对小A的爸爸比较陌生，他平时很少参与学校的事情，也从来没有参加过家长会。夜幕降临，嗖嗖的晚风吹着有点冷，我不禁打了一个寒战，怀着忐忑的心情拨打了小A爸爸的电话，电话响了几声后，"嘟"的一声被挂断了，过了一会儿我又给他拨打了微信语音电话，"嘟"的一声又挂断了，"对方拒绝通话"的提示仿佛一盆冷水浇在了我的头上。

又过了好一会儿，我的手机铃声突然响了起来，竟然是小A爸爸。

"胡老师，我刚刚在加班！"他和我解释着。

"您是你们家的顶梁柱，工作辛苦了！"我试着宽慰小A爸爸。

"唉，工作是挺忙的，这不小A妈妈和我闹矛盾，怪我不顾家，反正我是和她沟通不下去了……"小A爸爸一边抱怨一边叹气。

"小A妈妈是我们班的优秀家长，每次班级的志愿者服务活动她第一个报名，家长会也从未缺席，孩子参加活动她也是全程指导……"我列举着小A妈妈对孩子教育的上心。

"我……这些我确实没有怎么参与，以后我也分担一点吧！"小A爸爸惭愧地说。

"小A的内心现在比较敏感，最近学校有一个科技手工制作比赛，你和孩子他妈一块指导他参赛吧！"我向他发出了邀请。

"没问题，这个我在行的！"小A爸爸愉快地答应了。

第二天早上，金黄的阳光从办公室一角的格窗间走进来，格外温暖。小A带着久违的笑容来办公室找我，他期待地告诉我他想参加学校的科技手工制作比赛，我感到十分欣慰，并对他表示了满满的支持。

那次比赛，我收到了一个"特别"的作品，我一看就知道那是小A的作品，那是一盏"牛郎织女"封面的走马灯！将灯里的蜡烛点亮，那走马灯便转了起来，牛郎牵着织女一直在星空里转啊转，转啊转……

技巧点拨

小A的父母闹离婚，他非常无助，但他的父母并不了解小A内心真实的想法，所以班主任老师成为了他们中间的"桥梁"。老师创设了交流的情景，让家校沟通弥漫浓浓的爱意。

像这样的矛盾型家庭，应该要尽可能地化解矛盾，让家庭成员关系和谐，跟学校形成合力，共同营造孩子健康成长的空间。老师把小A的想法传达了给家长之后，强调了他们与孩子沟通的重要性，邀请家长指导孩子参加科技手工制作比赛，借此联系他们的亲情，找回他们彼此丢失的爱。家是一个讲爱的地方，在家校沟通中，一定要认真地用心去感受对方的情感，使用"爱"这把钥匙，创设可以表达爱、见证爱的情景，用爱去慢慢化解矛盾与冲突。

看到坏的那一面

蒋佳新

磊磊是我带的六年级（1）班的学生，11岁，黑黑的，学习基础很差，语文考试成绩只有30多分。他性格内向，不爱说话，很少跟同学交流，每次看到我就快速躲避，有时把他叫过来想跟他说一两句话，他眼睛都不敢看我，一直在躲闪，缺乏自信，跟其他学生完全不一样。

对这样的学生，我在想："不就是成绩差一点吗？耐心辅导，带他一起努力，一定可以有进步的。"

要想改变孩子，先要了解情况，我拨通了磊磊家长的电话："是磊磊的家长吗？我是他的老师……"还没有等我说完，电话那头传来了粗粗的声音，音量大得惊人，我赶紧把听筒远离耳朵："老师啊，是不是磊磊不听话了？又犯错误了吧？如果他不听话，你一定要给我打，这家伙不打不行，他在家不听话，我一打就老实了……"他滔滔不绝，我是听不下去了，把手机拿在手里，不知所措。

磊磊的家长在外地经商，磊磊原来跟着他在广西读书，六年级了才转回来。磊磊的家长没有读很多书，跟农村老一辈家长一样，坚信"棍棒底下出人才"，在广西生活的日子里，磊磊经常因为一点点小错就被家长痛打。学习不自觉，被打；犯错了，被打；考试成绩不好，也被打。磊磊告诉我，三天不被打，都觉得不习惯。磊磊成天小心翼翼，生怕一不小心就挨揍，长此以往，"打"就成了磊磊心头的一股阴霾。

我想试探一下磊磊："你的家长要求我在你不听话时也揍你，你觉得老师应该怎么做呢？"磊磊不说话，涨红了脸，低垂着头。我轻轻地摸着他的脑袋说："放心，老师不会揍你的，我还希望你用优秀的表现，改变你爸爸的行为。这需要你和老师一起努力，好吗？"他点点头，我也笑了笑，跟他握了握手。

此后，我似乎感觉到磊磊有所转变，见到我，仍不敢抬头看我，但没有躲闪，偶尔还小声地打招呼了。

一段时间里，不时地接到磊磊爸爸的电话："老师，你给我打！学习不好就是最大的问题，要打，他才知道自己的错，要打醒他。"

"磊磊没有错误，我现在也找不到揍他的理由，还是鼓励为主，也许更好一些，每个人更愿意被肯定。我相信，多表扬多鼓励，磊磊会改变的。"我仍然坚持自己的意见。

"我小时候，只要考不好，我爸爸就狠狠打我，一打我就知道自己错了，也就下决心努力读书了……"

"那你享受到读书的快乐了吗？后来进步大吗？"我试图让他敞开心扉，重温过往，忆起棍棒下教育的伤痛。

"正因为我没有考上大学，现在吃了很多苦，我知道是我父亲、老师打少了，我才没有彻底改过来。"

一个有着棍棒驱使下被动学习经历的父亲，现在又用这套棍棒哲学来驱使他的孩子，我不由得同情起磊磊来。

看来要改变一个家长的固执，真的是很难。不过，磊磊在我的鼓励下，表现越来越好，让我看到希望了。

好景不长，一天刚下晚自习，生活老师给我打电话，说磊磊跟安安打架了，拉都拉不开，把安安打得牙齿都出血了。

我把磊磊带到办公室，问他："为什么打架？"刚表扬他好一点就打架了，我心里非常生气，真想满足他父亲的愿望狠狠地揍他一顿。

"他拿我的东西，我警告他两次了，还不还给我！我爸爸说这样的人就该打！"他声音很大，非常激动。

"你爸爸说的？是真的吗？那我找你爸爸。"

我要磊磊的爸爸马上来学校处理这个问题。我知道磊磊的家长在外省，回来一趟确实不容易，但我想利用这个机会，让磊磊的家长彻底改变自己

"打骂出人才"的观念。

磊磊的家长到了学校,一看见我又是那句话:"老师,你看,我让你打,你不打,现在捣乱了吧?"

我摇摇头:"磊磊告诉我,说你教育他警告别人两次不听的话就可以打?"

"是的,我们读书的时候经常受到社会上小混混的欺负,我爸爸就告诉我,警告两次就可以动手,不能让自己吃亏。"他显得很淡定,"磊磊只要不听话,我也是警告两次就打的。"

"现在跟以前不一样了,法治社会,不能动不动就打架。你的这种想法是错误的,更不能这样教育孩子啊!你这个做法已经对孩子产生了很大的影响,再这样下去后果很严重的!"

要改变他的观念,必须让他感受到因为打架带来的麻烦。

首先治好伤。我要求他按照安安家长的要求,带孩子到医院进行检查。磊磊家长陪同安安家长带着安安在医院进行各种检查,CT、B超等凡是跟外伤有关的检查项目都要做。花钱不说,两个家长陪着孩子在医院转了整整一天,磊磊的家长累得说不出话。

其次是安慰和赔偿。在医院将安安的外伤处理好后,两位家长就治疗费用的问题进行了协商。磊磊家长对于治疗费用倒是没有异议,承担了全部治疗费用,还给安安一点营养费表示歉意,安安家长也没有意见。

深夜,我看着疲惫不堪的磊磊爸爸,对他说:"你希望孩子是一个懂理守法的人还是一个特别能打的人?磊磊已经接过了你的棍棒,开始打别人了!将来呢?"

磊磊爸爸猛地一震,看着蜷缩在走廊角落里的茫然失措的磊磊,若有所悟。

"你让我打磊磊,我没有按你的要求做,我跟磊磊谈过,让他好好表现,以后不仅我不揍他,你也不能再揍他。他在努力改变自己,你也可以换个方式,多鼓励,少打骂,也许会有意想不到的惊喜。"

磊磊的家长欲言又止,没有了先前跟我说话的那种语气了,最后表示愿意试试。

后来，我一如既往地特别关注磊磊的行为，只要有一点点冲动的迹象，我就跟他交流，磊磊此后没有再打架，而且进步还非常大，期末考试语文成绩由30多分提高到90多分，现在已经上初中了。有一次，在街上我又遇到磊磊的家长，他对我说："老师，这几个月我尽量忍住，按你说的，多鼓励，多表扬，他反而比以前更听话了，听你的，没有错，真是谢谢你！"

这让我深感意外，感觉有一股暖风吹过，"打"的阴霾也随风而去了。

技巧点拨

很多时候，自己坚持错误的观念，往往就是因为没有预料到自己错误的观念可能带来的后果，如果能预料到后果，改变观念也就容易了。磊磊家长之所以长期坚持自己"打骂出人才"的观念，一是受老一辈教育思想的影响，二是没有想过打骂可能造成的后果。抓住磊磊打架的事情，顺着他的思路，假如以后磊磊警告别人两次就打，他也许会面临法律的制裁——拘留、逮捕或者刑事处罚……处理磊磊打架事件时，当他几次奔波，他也就意识到问题的严重性了。另外，在"打"与"不打"的问题上，老师用实际行动让家长看到了效果，再改变其观念就容易得多了。

也许改变只在一瞬间，让家长看到鼓励效应，并通过对比，顺着家长错误观念推想可能的严重后果，顺势而导，从而知道"不打也可以教好人"的实际效果，从此，"打"的阴霾也就消散了。

让家长看到危害

李艳娟

清晨，第一缕阳光爬过校园的围墙，泻在教学楼旁的桂花树上，桂花树便披上了金色纱衣，微风过处，香气四溢。秋意渐浓，人的心情也在旭日煦风的氤氲中瞬间温暖明媚。

像往常一样，我踏着轻快的步伐来到教室巡视，看着同学们正捧着书本大声朗读，甚感欣慰。正当转身离开时，忽然瞥见坐在窗户旁的小邓同学趴在桌上，呼呼大睡的样子与教室里的氛围格格不入。

"李老师，你班302寝室的小邓昨晚凌晨还在玩手机……"刚刚接到宿舍管理员打来的电话，我往教室一查，果然如此。

这是本学期第三次发现小邓玩手机了。此前，我找小邓进行过几次恳切的长谈，鼓励他，尝试摆脱对手机的依赖。每次，他都信誓旦旦保证不会再犯，家长也答应严加管理。如今，又一次偷玩手机被抓，从刚才的睡相和刚结束的月考成绩来看，估计全是手机作出的"贡献"。

回到办公室，我拨通家长电话，简单说明了事情的经过，请家长立即来校一趟。

"李老师，小邓犯多大的错了？现在哪个孩子不玩手机？就这点事还非得要我跑一趟！"小邓妈妈推开门，语气里带着不满，"刚才小邓打电话说他昨晚睡不着，只是用手机听了一会儿歌，就被发现了……"我迟疑了一下，明知严令禁止学生携带手机进校，家长还这个态度，看来根本没把学校规定放在心上。

"小邓妈妈，上次小邓玩手机被抓就保证过不再带手机过来……"我话音未落,就被打断了。

"小邓在家里很乖,很听话,平时我跟他爸忙于生意,他从不让我们操心,不跑出去玩,不乱交朋友,也不会做违纪犯法的事,唯一要求就是有部手机。现在谁都有手机,何况这一次他也不是有意的,我们回去会教育他的……"

听得出家长根本没意识到问题的严重性,反而不断为小邓寻找借口。看着小邓妈妈脸上的淡然,继续谈,恐怕解决不了任何问题。

"小邓妈妈,您先去忙您的吧。哪天,我再请您和小邓爸爸一起过来一起处理好这个事情。"

三天后,我把小邓父母请到学校。家长来了后,我把家长和小邓带往学校的心理咨询室。一路上,小邓父母小声嘀咕,你看我,我瞅你,不知班主任葫芦里卖的是啥药。

走进心理咨询室,我让小邓一家人坐下,我播放了特意为家长和孩子准备的视频"大餐"。小邓的父母一脸茫然地看着我,他们的眼睛还时不时望向窗外,我轻轻示意他们观看视频。随着一个个画面的呈现、一段段文字的解说,空气慢慢变得安静,只见小邓妈妈的眉头紧蹙,小邓爸爸的脸上也现出了严肃的神情……

视频已播完,我微笑着对小邓说,你先回教室上课,我和你爸妈再聊会儿。当我转向小邓爸妈,准备开口时,小邓妈妈激动地说:"老师,要不是看了……"小邓爸爸忙不迭地问:"老师,您刚才放的全是真的?"看着他俩抢话的表情,我知道他们已经意识到了事情的严重性。"我以人格担保,刚才播放的内容绝对真实。这是学校一位对学生沉迷手机的现象有很深研究的心理学老师多年来搜集的真实案例编辑而成的视频。"小邓妈妈羞惭地说:"我们以前认为孩子玩一下手机没什么的,原来手机的危害那么多。""我们也没有意识到手机会对孩子的成长和学校管理产生这么多不良影响……"听了她的话,看来这段视频是入眼入心了。毛主席曾说:"要解决问题,还须作系统的周密的调查工作和研究工作。"转变家长的思想,光靠讲理是行不通的,必须把先前做足的"功课"拿出来亮相,只有在"铁的事实"面前,才可能起到"无声胜有声"的奇效。

火候眼看差不多了，我诚恳地说："客观地讲，小邓在学校很乖，懂礼貌。前段时间，他还热心帮助了班上的同学，只是，最近小邓特别疲惫，一下课就趴在桌子上，有同学反映，上课还打呼噜。一开始，我以为他身体不适，带他去学校医务室检查，医生没有发现什么问题，只叮嘱要好好休息。我交代身边的同学多关心他。后来有同学向我反映，出现这些情况，主要是他几乎天天玩手机玩到凌晨几点……"

"家长，只注重物质上的满足并不利于孩子的身心健康发展，也希望家长自己做好榜样，在家少玩手机，抽出时间多陪小孩参加一些活动。比如在天气晴朗的时候，一家人去野炊或者爬山，或在饭后一起散步，聊一些小邓感兴趣的话题，尽量减少对手机的依赖……"

从那以后，小邓妈妈经常给我打电话，主动与我交流关于小邓的学习和生活，尽量每天抽出时间与小邓一起参加活动。还告诉我，以前回家就捧着手机的小邓，如今慢慢把手机放下，自觉地帮家里做些家务，每次放假返校也会自觉把手机留在家中了。

之前下课就趴、上课就睡的小邓不见了，班上又可以看见阳光活泼、下课与同学玩耍、积极参加班级活动的小邓同学了。在期中测试中，小邓也取得很大的进步，变得更独立，更自信……

技巧点拨

苏联教育家苏霍姆林斯基说过这样一段话："儿童只有在这样的条件下才能实现和谐的全面的发展，就是两个'教育者'——学校和家庭，不仅要一致行动，要向儿童提出同样的要求，而且要志同道合，抱着一致的信念，始终从同样的原则出发，无论在教育的目的上，过程还是手段上，都不要发生分歧。"

有一种爱的盲区，是只见眼前，不见长远。这样的爱，让父母无视孩子逐渐偏离的人生航线。手机本无罪，但孩子沉溺于手机，老师行规劝之责，家长不宜护短。亲子教育和学校教育应该是同步进行的，我们的教育是为了孩子更好地成长。面对孩子在学校玩手机的问题，无论是老师还是家长都应该引起重视。学生玩手机导致成绩下降时,他在学习上已经有了危机。请家长到学校来,通过观看视频让家长了解到手机的危害,引导家长穿越爱的盲区,顺势提出玩手机之外的合理化的建议。于是,在家长的教导、老师的引导下,孩子重拾生活中的兴趣,重拾学习的信心。这样,教育便成功了。

善用"谎言",播洒阳光

尹珍利

放学下班,我走在十字路口,心里有一丝忐忑,一丝空落,还有一丝期许。对面便是一家水果批发店,门前的盆栽绿植叶片发黄,几朵小花几近枯萎。店中一名中年男子正忙碌着招呼客人,他个子不高,精瘦精瘦的,留着一个板寸头,腰身前倾,满头大汗。他就是小杰的爸爸。我继续走着,略有所思,努力把眼前的中年男子与班上的小杰关联起来……

"帅哥,需要什么水果,你随便挑。"中年男子打断了我的思绪。

"我……我不买水果。"我还没从刚才的思考中回过神来。

我稍作整理,礼貌问候:"您好!我是小杰的班主任尹老师。"

"啊!你好,是……是老师来了,实在不好意思,看我这乱七八糟的……"小杰爸爸神色不安,手忙脚乱地搬来椅子,擦了一遍又一遍。

"这个小兔崽子,上学总给我惹事。他是不是又和哪个同学打架了?是不是又顶撞老师了?我就知道他'三天不打,上房揭瓦'。实在不好意思,尹老师,我现在忙不开,你放心,回家我会狠狠收拾他。"我的话还未说完,就被小杰爸爸一阵连珠炮打断。

我坐定后,小杰爸爸沉默了一会儿,接着说:"唉,这孩子命苦,出生没多久,妈妈就离开了家。为了生活,我从早到晚在水果店忙活,孩子丢给爷爷带……"说到伤心处,小杰的爸爸声音越来越低沉,一脸沮丧与无奈。

我一边静静地听着,一边想起我曾几次请家长来学校谈谈,可每次来的都是小杰爷爷:佝偻的身躯,走路颤颤巍巍,还有那满是皱纹的脸。而眼前的爸爸,也是一位被生活折磨得卑微不堪的男人,我的内心不由得产生出怜悯与愧疚，一路上的忐忑与空落全无，顿感自己责任重大。

我面带微笑，表现出很轻松的样子："小杰爸爸，您别难过，我今天可不是来告状的，我是来报喜的。"

"啊？报喜？能有什么喜？"小杰爸爸一脸迷惑。

我微笑着看着他说："小杰优点很多的。比如我们班同学被别的班同学欺负了，他一定第一个站出来维护。这学期他的进步非常大：作业能自觉完成了，课堂上也不顶撞老师了，还帮助老师干一些力所能及的事……"

小杰爸爸默默听着，由起初的不敢相信到眉头舒展。等我说完，小杰爸爸长叹一声："哎，不瞒老师，我每天早出晚归累得跟牛一样，平常连和小杰见一面、说几句话都难，哪里还有什么时间和精力管他？我这么辛辛苦苦都是为了他能过上好日子。每次一听到他干调皮捣蛋的事，我就会打他。我读书不多，但'养不教，父之过'我还是懂的，说到底，我这个做父亲的没有尽到责任！愧对于他……"小杰爸爸有些哽咽。

旁边几位店主也附和道："陈老板了不起啊！生意做得红红火火，儿子也变乖了。日子越过越好了！"

我趁热打铁："小杰进步是事实，这少不了您平时对他的关心和鼓励。也许是您平时不经意的一个举动，一句关心的话鼓舞了他，启发了他，也许是孩子真的长大了，懂事了，会体谅人了，知道你们的辛苦了。"

"主要是你们老师教育得好，实在是谢谢您！谢谢老师们了！"小杰爸爸一脸欣慰，背也挺直了许多。

离开水果店时，我感觉一阵轻松。

第二天一大早，我刚跨进办公室，小杰随后就跟了进来。

"尹老师，昨天遇见我爸了？"

我点了点头，心里在嘀咕："他不会是因为受到父亲责骂而来闹腾的吧？"

"你们聊了些什么？我爸居然没有打我，还说有时间带我去想去的地方玩呢！"

看着他稚气未脱的脸上写满疑惑，我微微一笑："这不挺好吗？说明你爸是真的关心你！"

"嗯，我也感觉到了。谢谢老师！"小杰满脸笑容，向我鞠了一躬，一蹦一跳地走了。

从那以后，小杰开始进步了。

爸爸对小杰的关注也越来越多。

一天，我正改着作业，小杰爸爸又来电话了。

"您好啊，尹老师，不好意思打扰您了，请问我家小杰最近表现怎样？"

"您说小杰啊，一直在进步呢……"我讲了一大堆小杰的优点。

"哦，那就好，那就好，感谢尹老师的教导，真的辛苦您了！"

类似的沟通交流成了常态，小杰也渐渐改掉很多不良行为习惯，放学后还经常去爸爸的店里帮忙，各科学习也有了明显改善。

每当走到水果店前的十字路口，我脚步轻快，总能欣赏到那几盆鲜艳的绿植，常常可以听到店里传来阵阵清亮的呼客之声。

技巧点拨

人间有情，世间有爱。殊不知，有一种爱，却让人遍体鳞伤：小杰爸爸深爱着小杰，"爱之深，责之切"，却教育方式粗暴，除了打骂，别无他法。小杰在这样的"父爱"之下渐渐变得消极、得过且过，甚至索性"破罐破摔"。小杰爸爸"恨铁不成钢"，小杰屡犯错误，问题越来越严重。

作为一个班主任，如何转变父亲对孩子的看法，帮助父亲重拾对孩子的信心，引导孩子积极向上成长？班主任老师运用善意的"谎言"，给"黑暗"中的小杰播撒七彩阳光，重新唤起了小杰爸爸对孩子成才的美好愿望，促使其教育观念和教育方法发生改变。一句句"谎言"，就如同糖衣下的良药，苦味全无，药效甚好。一位改变了的父亲，从此有了对孩子温馨的鼓励和浓浓的亲情，进而激励孩子不断向上、向善成长。

"谎言"的背后，承载着一个班主任老师的温情，一个教育人的智慧。即便孩子身上闪耀的是萤火虫似的微光，也要倾尽全力把它放大成太阳的光辉。要培植大树，不能只看到树下的杂草；要培植学生正向的品质，不能仅盯着他身上的缺点。正所谓，心中有爱，目光所及皆是美好。

巧用家长交流会

蒋宗林

新年刚刚过去,空气中仍飘着些寒意,但这一天阳光普照,因而一点也不显得寒冷,校园里的行道树已经复苏,吐出了新绿,花坛里的花朵也已尽显春意,迎着来来往往的人流,争芳夺艳,好不热闹!真好!又到了开学的季节!

教室里,一场特别的家长交流会也拉开了序幕!

一大早,我就来到了教室,准备把教室打扫打扫、布置布置,毕竟教室已"荒废"了一个寒假,我要赶在家长们到来前把卫生搞好。

来到教室门口,却发现了一双忙碌的身影,是小钌和小钌的妈妈!母女俩正弯腰拖着地板,额上已冒出了汗珠,在灯光的照射下泛着红光……走进教室,发现里面已经焕然一新了:地面打扫得干干净净,桌椅摆放得整整齐齐,窗户上贴着些"花花草草",讲台上摆放着一大盆鲜花,好像春天也走进了教室!

小钌妈妈迎着我走了过来,脸上堆满了笑容,好像她是主人我是客人似的……

莫非她察觉了我的用意?搞得我心里直嘀咕。

班上其他女生及家长也陆续到来,我郑重地在黑板上写下了几个大字:"守护花蕾,关注未来"女生专题教育交流会。

交流会开始了。家长都被安排与各自的孩子坐在一起,小钌也与妈妈坐在一起,母女俩挨得很近。女生辅导员讲述女生的青春期变化时,小钌妈妈紧紧拥着小钌,听得很仔细。女生辅导员说:"女生在青春期出现变化的不仅仅是身体,也有心理。这个时期,最需要妈妈的呵护,其他人是代替不了的。"小钇妈妈听后不住地点头……

很快,轮到小钇上台发言了,小钇拉着妈妈的手一起走到台前,在柔和的灯光下,母女俩显得那么亲近、那么和谐。小钇说:"青春期的女孩是春天的花苞,是美丽的,我们要努力绽放自己;青春期的女孩是春天的花蕾,是娇嫩的,我们也需要妈妈的呵护……"发言结束后,全场响起雷鸣般的掌声,小钇妈妈紧紧地把小钇拥抱在怀里,我想,她已经明白了我的良苦用心。

会后,我对小钇妈妈说:"看,你们家小钇多优秀!上台发言时表现得多好,一点都不怯场!以后呀,你要多回来几趟,多见识一下小钇的能耐!"

小钇妈妈不住地点头,面上含着笑,很真诚、很自然的笑意。

我说:"现在离婚的家庭很多,大人虽然离婚了,但不能让孩子遭罪,父母双方都要把孩子管起来,小钇是女孩子,怎么离得开你呢?"

听到这里,小钇妈妈很动情,眼里泛着泪光,一个劲地说:"感谢蒋老师的良苦用心……"

是呀!回想起小钇上个学期的表现,我又怎能不"良苦用心"呢?

小钇人长得漂亮,活泼开朗,可惜父母早已离婚,爸爸忙于工作对她无暇顾及,妈妈以离婚为由对她不便顾及,所以她常年跟奶奶生活在一起。在学校,小钇不爱学习,就爱梳妆打扮,经常涂脂抹粉的,为此我收缴了她几袋化妆品,请了几次家长来校。每次她奶奶来到学校,都是叹气,看得出来,老人家焦虑啊!可是面对叛逆的小钇,她却无能为力!

后来,小钇结识了社会上的人……

再后来,小钇到酒吧去陪酒,被派出所的民警送到学校来……

接着,小钇的爸爸到学校大闹一场,宣泄着各种不满,责怪学校,责怪老师。他对着我大吼:"我把女儿送到你们学校来,你还天天喊家长来学校,你们老师干什么吃的?""我女儿要是出了什么事,我要你吃不了兜着走!""我要到教育局去告你,你们老师也太不负责任了!"……

听到这些吼骂,我真的好难过,好难过!不仅仅是因为家长的无理取闹，也是因为对小钌教育的无力感，我很愧疚，我觉得对不起学生，对不起家长！但又能怎么办呢？

最重要的是要转变小钌，但怎样才能让小钌迷途知返呢？

我陷入了苦思……

最后，我想到了小钌的妈妈！他们离婚这么多年，小钌妈妈从未回来过，女孩子到了青春期，身体的发育，心理的敏感，爸爸怎么感知得到？

是啊，青春期的女孩子，怎么能离得开妈妈的关爱呢？说不定小钌的"叛逆"的症结就是在这儿！小钌的转变，必须有妈妈的配合。于是我趁小钌妈妈回乡过年还没有去广东上班的空隙，在开学第一天就组织了这次交流会，确实是"用心良苦"啊！

我把小钌叫到身边，让她与妈妈多聊聊……

我对小钌说："要多给妈妈打电话，听妈妈的话！妈妈在外上班也不容易！"又对小钌妈妈说："以后每年多回家几趟，不方便与小钌爸爸见面，可以让小钌回外婆家嘛，要多与女儿处处，女儿是越处才越亲的。"听了我的话，母女俩都笑了！窗外的阳光透进来，照在了教室里，照在了小钌母女的身上，照进了我的心里……

交流会结束后，小钌与妈妈一起走出校园，我看到小钌挽着妈妈的手臂，母女俩一边走着，一边不时地笑谈着，在春光里，是那么亲密，那么温馨！

后来，小钌妈妈电话变多了，关心变多了，她虽然远在广东，现在几乎每天都与小钌视频通话；小钌爸爸也常打电话来，关心她的学习。慢慢地，小钌也发生了些改变：疏远了社会上的小混混；能按时回家了；性格变得温顺了，不与奶奶顶撞了；把更多的时间和精力投入到学习当中了……

现在，小钌已顺利升入高中。每当看到她充满阳光的笑容，我就觉得我很自豪，我觉得所有的付出都是值得的！

技巧点拨

教学中，班上会有离异家庭的学生。这类学生，他们缺少完整的家庭，缺少来自父母的关爱，因而显得特别叛逆。或许他们是想用种种叛逆的方式来获得"关注"，或许他们因长期缺少关爱也就不懂得自爱了。文中的小钌就是一个典型，父母离异多年，父亲工作太忙无暇顾及，母亲在外地顾及不到。青春期的女孩子，在这个最需要父母温暖的年龄，却长期得不到父母的关爱，于是她选择自暴自弃。

作为班主任，该如何破局，如何做好这类学生的教育工作，很值得思考！

面对文中那样的困局，面对小钌这样的学生，文中的班主任老师刚开始也很迷惘，不知所措，但他在不断思考，不断用爱心去感化学生，后来通过家长交流会，巧妙地邀请妈妈参加，搭起了一座家校沟通的桥梁，化解了小钌与妈妈的隔阂，很好地化解了困局，挽救了一个有可能堕落的孩子，真可谓是"巧用家长交流会，拨开云雾见'真教'"！

把握好"请家长"的尺度

黄 莹

当这届班主任,我接了个棘手的刺头:他叫小飞,性格桀骜不驯,整天就是一副玩世不恭的样子,尤其是班干部竞选落选后,与同学的关系极为紧张,在班上还有暴力倾向,期中考试成绩也不理想。我与他几次"交锋"下来,效果并不明显。在这种情况下,我进行了一次秘密的家访——我知道,像这种类型的学生,是很反感老师家访的。

不难看出,小飞很优秀,墙壁上全是小飞小学的奖状!还没等我开口,父母便夸起小飞来:在小学,不是班长,就是学习委员;每个学期,至少要拿两张奖状回来;小飞特别喜欢琢磨电脑,立志要成为电脑专家。说完,还特意带我参观了小飞的荣誉墙。夸完之后还对我说:"老师,我们一家信奉'棍棒底下出英才'——只要成绩下降时,打一顿就解决问题了。"

此时,对小飞改变的缘由,我心中有底了。当我试着提及小飞成绩下降时,小飞父母情绪一度失控,甚至表示马上要到学校揍他一顿。待他们的情绪稳定下来后,我心平气和地对他们说:"孩子小学时,年纪还小,能唬得住;到了初中,随着年纪的增大,打骂的方式只能适得其反。""难怪,自从上了初中后,小飞有些顶嘴了!"小飞妈妈若有所思。我见有了效果,接着分析:"孩子到了初中后,会慢慢进入青春期,逆反的表现会越来越严重,特别是初中二年级。小学抓习惯,初中要尊重,高中靠激励——小飞原本是一个优秀的孩子,成绩的回升并不难,前提是,你们要给予他足够的尊重——决不能再以打骂的方式教育孩子了……"

这次家访后,班上的"班班通"正好正式启用,我郑重地特别"聘请"

小飞担任班上的"电脑小专家",并且,在班上大张旗鼓地宣布,班上与电脑有关的大大小小的工作,都由小飞负责。小飞受宠若惊,立马找到了自身的价值;娴熟的电脑技能,也让同学们对他刮目相看。从此,他像变了一个人一样,与同学和睦相处,学习成绩也很快重现了小学时的"辉煌"……

小飞是幸运的,他遇见的是成熟而理性的我。曾几何时,我亲手把一个学生家长逼到崩溃的边缘,把一个孩子逼到失学的处境。每每想起,我的内心都是无比羞愧。正如鲁迅先生倡导的"要榨出皮袍下藏着的'小'来",多少年了,那一声长叹时时在我的耳边萦绕,鞭策着我的灵魂,让我有勇气审视自己在教育路上的不足与缺点,让我遇见更好的自我。

那是十多年前,因工作出色,我从一所乡镇中学,调入了现在的县属中学,并且当上了班主任。

还没来得及高兴完,我便嗅到了一股前所未有的硝烟味儿:这里的老师,比以前在乡镇中学的同事努力多了——他们个个暗地里铆足了劲儿;尤其是班主任,除拼命搞好自己的学科外,对自己班级所有的学科也都上满了发条,开足了马力。

有些手足无措的我,也不敢懈怠地投入到了这场没有硝烟的"战争"之中。两个月后,期中考试成绩出来了,我捏了把冷汗:我所带的班,以微弱的优势名列中游——看阵式,稍有松懈,便会被甩在后面。

不容乐观的形势,逼我不得不再次加大了"拼杀"的力度:我几乎像个狱警一样,死死地守在了班上,睁大双眼,看还有哪个学生在溜号。

哼,又是小东——他又在睡觉了,前天才在我的办公室写了保证书呢!

说起这个小东,简直无药可救了:基础差、字潦草、不听讲、搞小动作、经常不交作业,成绩总是稳居班上的倒数第一。为了他那可怜的成绩,除了单独给他"开小灶",我还多次找他谈话,晓之以理,动之以情,软硬兼施,但均无济于事。

说实话,我是一个比较"强悍"的人,在我的眼里,"搞定"这些小屁孩是一件易如反掌的事——但这次,在"油盐不进"的小东面前,我真的有力不从心的感觉了。

没办法,我使出了自己的"绝招"——请家长!

小东的爸爸来了之后,我才发现,这是个话不多的外地搬迁来的汉子,从满脸的沧桑不难看出,他吃过很多苦。我清楚地记得,这位汉子在给我不断道歉的同时,也谈到了小东小时候的点点滴滴……不难看出,小东爸爸很爱儿子,尽管知道儿子基础不太好,但还是对儿子寄予了很高的期望。小东爸爸还告诉我,就是打听到我是一位"很负责、很严格"的老师,才托关系"挤进"我这个班的。我很能理解一位望子成龙父亲的心愿,但我也在心底嘀咕:谁又能为我班成绩的落后"买单"呢?!

家长来过之后,小东的确好了一阵子;但没出一个星期,瞧,又"旧病"复发了。

没办法,我又把小东爸爸叫到了学校:小东爸爸气得面色发紫,一句话也没有说,狠狠地将一旁低着头的小东打了一耳光。望着号啕大哭、涕泗横流的小东,我竟然没有丝毫怜悯……

当小东第三次在我办公室挨揍的时候,他竟然没哭——此后每一次挨揍,他变得愈加"坚强",甚至还会用"不屈"的眼光死死地、高傲地斜视着我!

有一天,看到他酣睡的样子,我彻底失望了——似乎"仁至义尽"的我已经有了"让他转学"的想法,我几乎是用蛮力把他拖出教室的,并且马上拨通了家长的电话。

不一会儿,小东爸爸就来到了我的办公室。我铁青着脸问家长怎么办,"让小东转学"的言外之意再明白不过;而小东满不在乎的样子,更是让我怒火中烧!

家长没有暴跳如雷,也没有往常的暴力相向,他默不作声,用复杂的眼神瞅着这个自己曾经寄予了莫大期待的儿子,眼睛渐渐湿润起来……

办公室里静悄悄的,空气似乎也凝固了。这个不善言辞的汉子用躲闪的眼神瞅了我一眼,似乎在祈求什么……

也许是来校的次数太多不好意思了,也许是感觉到自己在保证书上签的字笔迹未干而无颜再说些什么,也许对自己的孩子真的是失望透顶了,也许是从我决绝的眼神中察觉到了什么……小东爸爸似乎下了很大的决心,用一种怪怪的颤抖的声音,深深地长叹一句:"唉,不读了!"

那一声近乎绝望的叹息哟，如惊雷一样，直击我内心深处最柔软的那一部分：我不禁打了一个寒颤，一种负罪感油然而生，一种莫名的慌乱感向我猛扑过来……

听到爸爸从来没有过的这一声长叹，小东的脸色骤然改变：满不在乎的表情一扫而光，幼稚脸颊上的不以为然，瞬间换成了无比的绝望。他看看眼眶红红的爸爸，又看看面无表情的我，突然"嘭"的一声，跪在了我面前："老师，再给我一次机会吧，我还想在这里读书，求求您了！"

这始料不及的一幕，把我惊呆了，强烈的罪恶感向我迎面扑来：为人师者，我究竟在干些什么？！为了所谓的成绩和荣誉，我竟然逼着自己的学生转学？！

说实话，除了成绩差，在其他方面，小东不也挺好的吗？他为人大方，尊敬老师，友爱同学，组织能力强，还是班上的劳动委员呢！班上的累活、脏活，哪次不是他完成的呢？班上的饮水机、桌椅坏了，哪回不是他修好的呢？班上同学有困难，哪次不是他带头鼎力相助的呢？

现在，轮到我惭愧了，我无地自容，用颤抖的手将他扶了起来，送他重新回到了教室……

那个晚上，一向有着婴儿般睡眠的我，一直到天明还睡意全无，负罪感像条毒蛇一样死死地缠绕着我，几乎窒息……是啊，教育单有责任心是不够的，还得有温度；学生的成长单凭冰冷的指责，只能适得其反；孩子的进步，必须得有家校之间的无障碍沟通和默契的配合……

三年后，小东初中毕业，勉强拿到了初中毕业证。因为基础差，他无心再读高中，跟着父母做起了服装生意：由于头脑灵活，待人真诚，生意一直不错！

小东毕业足足有12年了，但每年的教师节，他肯定会来学校看我——前年，他结了婚；去年，他已有了自己的宝宝；今年，他正准备买小车呢！

除了不起眼的学习成绩，小东绝对是一名能为社会作贡献的合格的劳动者！

从小东之后，我再也没有嫌弃或驱赶一名所谓的"差生"——尽管，每届的"差生"，会拉我们班成绩的后腿，但我却无比心安！

是的，人是有差异的：有的孩子成绩的确不好，但并不影响他成为一名对社会有用的人！

从师范毕业到现在，我也整整当了28年的班主任，同时，我也有幸被评为了湖南省先进工作者、湖南省特级教师、湖南省正高级教师，但直到现在，我都不会，也不敢忘记那刻骨铭心的一跪和那声直击灵魂的长叹——这沉重的一跪一叹，无时无刻不在提醒着我：教育，多一些有效的沟通，便会多一份厚重的美丽！

技巧点拨

家校共育，班主任老师免不了要用上"请家长"的沟通方式。但如何"请家长"，何时"请家长"，这是一门学问。老师和家长都要有各自的边界感，不宜随意越界，不宜动不动就"请家长"，要把握好"请家长"的尺度，适时，适度，适量，一切都刚刚好。

文章中小东的问题主要是学习习惯不好，这本应由班主任老师来好好引导，而老师却急于求成，放弃自己的教育主导阵地，频频把家长请来。"请家长"本应是老师的后盾和屏障，只有在教师已不能独立完成对学生的教育工作，急需家长的配合时，才打出来的一张"王牌"。但频繁地"请家长"，家长"再而衰、三而竭"的打骂斥责方式让家校联合体在孩子面前变得如此苍白无力。

溃不成军的局面让人心痛。家长不善言辞，但望子成龙的心愿亘古不变——那一声长叹哟，饱含了一个父亲多少的期盼和希望；那一声长叹，道出了一个父亲无尽的悲伤和绝望；那一声长叹，也让孩子秒懂了父亲假装的坚强……

"悟已往之不谏，知来者之可追。实迷途其未远，觉今是而昨非。"这是一个家校沟通失败的案例，班主任老师勇敢而真诚地把它剖析开来，催人反思。班主任老师要正视"请家长"的学问，做好与家长沟通的攻略，精准施策。教育路上，需要每一个教育人不断纠正，不断警醒，这不仅关乎家校沟通的智慧，也关乎教育的智慧。

为焦虑开一扇窗，让教育更透明

胡娟芳

"胡老师，不得了！你班一家长正在办公室闹事。说因为你，她老公要跟她离婚！"我正上着课，办公室的女同事急急地跑过来嚷道。

"老师是第三者？"安静的教室顿时沸腾起来，就像热油锅里突然溅进了一滴水炸开了。

我的大脑一片空白，脸火辣辣地疼。半晌，才缓过神来。"你搞错了吧？不是找我的吧？"

"错不了！她说是你班学生晟晟的妈妈。"女同事语气肯定，"胡老师，你快去办公室呀！"

我走到办公室门口，从窗户外一瞥，女子熟悉又"陌生"，确实是晟晟妈妈。她的变化很大，如果不仔细看，可能都认不出来了：她原来是知性的、优雅的，来过几次我的办公室，总是面上含笑，轻声细语地询问，说得最多的是"好的，好的"。今天，孩子妈妈站在了这里，头发蓬乱，右手食指高高地竖起，在空中胡乱地戳着。在她语无伦次的诉说中，我总算听明白了她的诉求：老师要负责，因为老师的电话，她的家要散了。

"电话"？前一天我确实打过晟晟爸爸的电话，约他来学校聊聊孩子的问题。这男孩高一两个学期成绩都比较好，上学期期末考试，语文还考了班上最高分。进入高二后，孩子成绩慢慢在下降，而且性子也开始变得阴晴不定。之前，我按孩子妈妈的要求，打电话给她，但孩子的状态依然没有改善。于是，这次就跟孩子爸爸联系，一起商量接下来该往哪个方面使劲。

她一见到我，冲过来大叫："你为什么要打电话给我老公？我们离婚了就要你负责！""负责"两字嘶哑了她的喉咙，引出了她的泪水。泪水无声，蜿蜒流过她开始有皱纹的暗淡的脸庞，坠落到地上，一滴一滴，无声，我却似乎听到了"嘭，嘭，嘭"的声音，那声音就像是石头落地，一下一下地往人心口上砸。

这是一个为了孩子和家庭而心力交瘁的女人。

"你慢慢说，有什么事，我们一起解决。"我倒了杯茶给她，示意她坐下，她不肯。

她固执地站着，手依然在用力地挥着。她的脚与地面似乎粘在一起，融为了一体，她好像变成了一个路标，想抬脚，却无能为力，高高地竖起的食指却在向我发出明确的指令……

原来，孩子爸爸很关心孩子学习，常常找我聊孩子的事情。只要孩子有点不一样，尤其是学习上的变化，都会跟我交流，最喜欢问我这怎么做那怎么办。他的虚心请教让我颇有一种指点江山的感觉，我经常为有这般配合的家长感到庆幸。后来，孩子妈妈却对我说，以后少给他爸爸打电话，有事情就跟她讲。理由是孩子爸爸性子急躁，孩子有做得不好的，就骂她这个妈妈没教育好，孩子来劝架，就骂孩子，家庭气氛乱糟糟的，最后孩子静不下心学习。而且，孩子见他们吵架，心里也着急、难受，更加影响他的学习。现在，因为我的一个电话，他们夫妻吵了一个晚上，要离婚了。

我静静地听着，感受着她的愤怒，感受着她的不满，感受着她的担心，感受着她对孩子的高期望。我意识到：爸爸不行，换妈妈，到妈妈的爆发，临近崩溃，这一切担心，一切希望孩子好了再好的背后，是现在社会中的"教育焦虑"现象。怎么办？怎么缓解她的焦虑情绪？这个时候讲道理可行吗？

"你今天来，是真的谈离婚的事还是孩子的事？需要我去向孩子爸爸解释什么吗？"我轻声问。

"肯定是孩子的事情呀。老师，你昨天打电话，是不是孩子又有哪里没做好？"她急切地说。

"孩子挺好的，"我抬高了声音，"我请家长来是希望我们一起努力，让孩子变得更优秀！"

她顿住了："我们总是担心孩子在学校做得不好，影响成绩。总是不放心，怕他上课不认真，怕……"怎么绕开家长的种种担心？我沉思着。"焦虑"背后真的只是"担心"吗？从她的话语中，我察觉到的是家长对孩子的不信任，是对孩子的高期望，是迫不及待地想看到孩子最好的样子。

我沉默了片刻，无意间望向窗前那一盆沐着阳光的四季海棠，那翡翠般的碧叶翠绿翠绿，它是那么的生机勃勃。我不由得担心起来："叶子长这么好，还会不会开花哦？"

晟晟妈妈许是听到了我的小声嘀咕。"它长得那么好，肯定会开花。"她诧异地答道。

"我总担心它会开不了花。我现在只见它长叶，没见着花，听说叶子长得好了，会影响花开。"

"老师，你也太着急了，还没到花期，到时候花会开的，不要太担心。"

"晟晟妈妈，你不也总担心吗？"我笑着说。

"孩子跟它能一样吗？我孩子在学校读书，我只是听说他的情况，见不到他平常学习的样子，加上他成绩下降了，我们才担心的。"她争辩道。

我告诉她："你们也别急，孩子不是你想象中的样子。"为了让她放下担心，我邀请她去教室看看孩子上课的情况。

我们悄悄地来到了教室外面，阳光恰好，孩子们静静地坐在位子上写着作业，娇嫩的脸上，仿佛镀上了一层银色光晕，美好在这一瞬间定格。晟晟妈妈静静地看着，窗边的一个孩子发现了我们，我摇了摇头，转身走了。

我们再次回到办公室，坐下。"你看，孩子在学校学得很好，你们也不用过多地担心。就像我的这盆花一样，我如果不停地施肥，浇水，是不是会适得其反，把它养坏啊？"我说，"你们在家里，经常因为孩子的小小变化，就揣测个没完，甚至吵架，孩子自然会受到影响。我们肯定要和孩子一起努力，但首先要相信孩子，给他成长的时间、空间。"

慢慢平静下来的她意识到了自己先前的不妥，伸出的食指收回去了，紧握的拳头也松开了，细细地捋起了头发，不好意思地说："老师，你没有骗我，他今天还可以啊。"说着，她开始高兴起来，像是有人打开了她乱颤的心门，用手轻轻地抚慰她那颗焦躁的心，然后，浇了水，引来了日光。但我知道,这只是暂时的。

我们约定,我会每天早上七点左右、下午五点左右,拍下孩子们晨读、上课的照片或视频,同时让其他科任老师也拍一些孩子们课堂内外的精彩瞬间,都发在家长群里;她和孩子爸爸要相信学校,相信老师,相信孩子,不要胡乱猜想,在家里尽量少吵架,多鼓励孩子。慢慢地,班上孩子更有干劲了,晟晟同学也不再阴晴不定,每天基本上是春风满面,成绩开始稳步回升……

学校教学开放日那天,晟晟妈妈到办公室找我,她面上含笑,轻声细语地说:"老师,谢谢你,谢谢你们。"望着她脸上的笑,我似乎看到了一树一树的花开。

技巧点拨

在当下这个教育焦虑的时代,焦虑已经成了教育中的一种突出现象。晟晟家长被"焦虑"裹挟,爸爸不行,换妈妈,家长轮番上阵。而后"焦虑"被传递到孩子身上,孩子也焦虑,心态不稳,所以成绩下滑,以至于性格也在发生着可怕的变化。恶性循环,最终家长焦虑不堪,以致到学校吵闹。

作为班主任,怎么稳定家长的焦虑情绪?如何绕开家长的种种担心?焦虑背后真的只是担心吗?从她的话语中,老师察觉到的是家长不放心孩子的在校学习,对孩子不信任,对教育结果急于求成。

因此,老师一开始并不去争自己打电话的问题,而是首先肯定了孩子,让她明白老师跟她的目的是一致的——"让孩子变得更优秀",然后,通过在家长群发送孩子在学校的各种照片、视频和教学开放日活动,让她看到孩子成长过程中努力的样子,为焦虑开一扇窗,让教育更透明。家长、老师一起努力,引导家长相信孩子,呵护孩子成长,给予孩子成长的时间。教育就像培育花朵,需要慢下来,静待花开。如果太急躁了,即使花开了,也是不健康的花儿。教育有其发展规律,在发展教育的过程中,要学会遵循自然规律,该慢的时候一定要慢下来,不要一味求快。

放下担心,静待花开,或许是教育美好的姿态。

细数孩子的好

董 川

天阴沉沉的,似我内心愁云密布。

我正思忖着以小健爸前一天电话里抗拒的态度和挂电话的速度,该不会过来了,"咚咚咚",突然传来一阵急促的敲门声。

"董老师好!我们是小健家长。"一对打扮讲究的中年夫妻走了进来,身后跟着一位衣着时尚的大男孩。

"辛苦了!"我微笑着搬来椅子,悬着的心放了下来:他们终于过来了!

在给他们泡上茶后,我简单说明邀请他们来校的意图:"咱们班的体育老师看见小健和别班一个女生在操场边牵手。我找小健了解情况时,他什么都没跟我说。我想请你们过来商量……"

"什么?我弟牵女生手了?"大男孩的惊讶不亚于哥伦布发现了新大陆。

"是不是你们搞错了?平时他和女生讲话都脸红的,还敢牵女生的手?"小健爸爸也是一脸狐疑。

"董老师,这是我大儿子,聪明懂事!"察觉到我的疑惑,小健妈春风满面地介绍,小健爸也忙不迭地点头,大男孩一脸自豪。

"我们都先不要急着下定义,或许事出有因。我想了解一下,最近家里是否出现了什么特殊情况?当然,孩子进入青春期,有变化也很正常。"看着他们迅速统一了"战线",我的心紧了紧。

在得知家庭一切正常后,我转身让人把小健叫来办公室。他低着头出现在门口,瘦瘦的个子,穿着一条泛白褪色的牛仔裤,裤腿明显有些短了,露出一大截小腿,白色的球鞋上沾满了灰尘。许是看见了爸妈在场,犹豫了一下，又慢慢往前挪动了一步。

看着这慢吞吞的动作，小健爸爸似乎等得极不耐烦，突然气不打一处来，冲上去就给小健一记大耳光："为了你们两个我们都忙成那样了，你这不争气的家伙还尽给老子惹事，长本事了？不好好念书，居然去谈恋爱，怎么不学学你哥，让人省点心？"

突如其来的状况，根本来不及阻止。我急忙把捂着脸低头不语的小健拉过来，提高音量说："小健爸爸，请您冷静，打骂孩子解决不了问题啊。"此刻，所有人都尴尬地沉默着，气氛降到了冰点。

瞅着身后一脸漠然的小健，再看看他爸妈对他和哥哥两种截然不同的态度，我瞬间生出了一丝心疼：在哥哥光环照耀下的阴暗角落里，有着他父母看不到的忧伤。我偷偷将原本要当着大家面细说的一堆大道理悉数咽了下去。

现在怎么办？怎么办？

我再次打量站在小健爸妈旁的大男孩——小健的哥哥，兄弟俩长相有几分相似。回头看小健时，发现他的双腿微微打颤，是裤子短了，入风有点凉意，还是爸爸不问青红皂白上来打自己，气愤不已？突然，我有了主意。

"你们快看看，小健今年比刚进初中那会儿高多啦，裤腿都快平膝盖哩。"我指着小健的裤腿。

"是哦！这是哥哥以前穿过的裤子，短了，该买新的了！"小健妈妈努力挤出一丝笑容。小健爸爸则轻轻咳嗽一声。

"今天，你们从一百多里远的老家赶过来，看得出来还是很重视孩子的教育。你们可以把哥哥教育得好，那么弟弟当然也可以。"我盯着小健爸爸的眼睛认真地说，他又咳嗽一声。

"董老师，过奖了！"小健爸爸顿时客气了许多。

"事实上，小健同学很聪明，也非常优秀。可能在你们面前不愿意告诉自己的情况而已，他有自己的想法，在学校各方面的表现都很棒。尤其是作文，经常被语文老师拿着当范文向全班同学展示，还有几篇发表在《初中生》杂志上了呢！"我清了清嗓子，语气坚定。

此时，小健爸妈和他哥齐刷刷望向小健，又看看我，将信将疑。

小健听到我当着全家人的面说出这些，显得有些忸怩，头埋得更低。我明白他不喜欢张扬，那次语文老师告诉我，当她在班上宣布小健的处女作公开发表的消息，几个要好的同学吵嚷着要他请客时，他甩下一句"发了一点豆腐块就请客，传出去会羞死人"，兔子似的溜掉了……

静，空气再一次凝固。

倏地，极细微的吸鼻，漫过在场的每个人的神经。"哇"的一声，小健到底还是哭了出来。我不知道一滴眼泪在掉落之前，到底要在一个人的内心奔腾多久。刚才的巴掌没有打哭他，这时豆大的泪滴却从眼眶中迅速滴落。他泪流满面泣不成声："董老师……对不起……事情……不是你们想的那样……"

"小健，别激动。董老师在这好好听你说，爸妈和哥哥也会耐心听的。"我站起身，拍拍他肩膀。

小健妈妈忙走过来，掏出纸巾，递给小健。

"那天上体育课，隔壁班的女生在跑回宿舍的路上脚滑了一下，差点摔倒，见状我立刻跑上去拉了她一把……我哪有早恋？之前不说，是我觉得这根本没什么，完全没必要去解释。"小健平复了下心情，把事情原委说了。

"反正我爸妈不相信我，他们只会相信我哥，我总是多余的，说了也白说……"小健又小声补充一句。

是非曲直已分明，小健一家看着小健脸上赫然醒目的巴掌印和穿在身上短了一大截裤腿的老旧的牛仔裤，面面相觑，小健爸妈的脸色都有点挂不住。

"小健爸妈，茶泡好了，尝一尝。"我连忙招呼着。小健爸妈向我投来感谢的眼光。

"小健啊，你那么说爸妈，不对哟。我相信你爸妈都是明事理的人，也像疼爱哥哥一样关心爱护你。"我轻轻摸摸小健的头，转身对小健爸妈说，"小健爸妈，是这样的吧？"

小健妈妈和哥哥上前抱住小健。小健爸爸挠挠头发，轻轻咳了一声说："我们做得不对，平时的确关注他哥多一些，没想到事情是这样的，我们误会儿子了，也忽略了他的感受，应该多听听他的意见和想法。"……

看着一家人逐渐舒展的脸色，我默默松了口气。让小健回教室后，我们就如何更好地关心支持孩子的成长，深入交换了意见。临走时，小健妈妈拉着我的手一个劲说以后有空一定要去家里做客。

期中考试结束，我打电话向小健爸妈报告成绩时，小健爸妈在那头笑哈哈地说："董老师，谢谢您的鼓励和帮助。小健进步很大，以后有什么需要配合的，尽管开口哦。别忘了，有空了，到家里尝尝我们乡下的特产。"

挂完电话，我笑了：收获，就在转角处。

技巧点拨

面对家长的固执想法和激烈言行时，什么才是最有效的家校沟通破冰术？

从小健爸在未了解真相的情况下，便给孩子一大耳光，不难发现在其潜意识中，被老师叫到学校配合工作就是一件丢脸的事。小健不肯对家长谈自己的事情，包括公开发表文章这类"长脸"之事，是因为他觉得父母不信任他，父母的眼里只有哥哥。如此一来，问题的症结就找到了。只要让小健父母清清楚楚知晓小健在校的表现和身上的优点，而小健也明白父母的心意，就能打通老师与家长的沟通障壁了。事实上，老师在谈话陷入尴尬僵境时，敏锐捕捉到破解问题的切入口——细数孩子的好。聪明、优秀，有自己的思想，作文经常公开发表……老师对孩子的情况掌握得如此周详，而平时疏于关注孩子的父母在老师的"细数"中，哪会不感激、不惭愧？这就为接下来老师建议家长"一碗水端平"多关心小健作了铺垫。这既融洽了孩子与父母的关系，也促成了家校联动的形成，可谓"一箭双雕"。因此，在与学生家长就某一问题交流沟通，特别是处理一些问题矛盾时，不妨宕开一笔，找准谈话的切入点，聚焦孩子的闪光点，这样方能有效交流，达成共识。

PART 4

第四辑

开往春天——与家长换位思考

道路两旁的树，蓊蓊郁郁，在路灯的投射下，似乎能看清恣意生长的样子……

换位思考

欧阳睿

这一年的春天,似乎比往年来得早。一声春雷,招来春雨,唤得枯萎的小草从石缝间、树根中、泥地里探出头来。桃李吐蕊,花红柳绿,世界氤氲一笼春的烟气。

教学楼旁的那一畦人工草皮,曾经在寒露凝霜的裹挟下,好长一段时间里毫无生气,如今,又全部换上绿装,青翠欲滴了,当中的杂草,更像是得令般疯长起来——一天蹿高一大截。看着窗外疯长的小草,我的思绪也在春天里滋长……

"欧阳老师,你班有个学生家长找你。"教导员李老师推开办公室门,他身后跟着一位戴黑框眼镜、留短发的中年妇女。

"欧阳老师,我是小元的妈妈。"声音略显生硬,"我过来找你,想谈谈对一件事的看法。"

小元妈妈?高一、高二,总是他爸爸管教,在此之前她从未与我联系。我问小元,他说他妈忙于生意,家里事全安排他爸去做。

"小元妈妈,欢迎来学校。"我笑着,拉出一条板凳示意她坐下说。

"为什么不让我儿子参加奥数比赛?"小元妈妈单刀直入。

上次奥数比赛,学校非常重视。人选物色,可谓层层遴选、把关,并征求了参赛学生本人的意见,最终才敲定的。班主任虽可引荐,但去留主要还得听数学老师的意见。再则,根据几个学期我对小元该科学习及成绩的分析,有向学校推荐过,且还找他了解过他的真实想法。当时,他自己坦言:数学较之大多数同学,有优势;可参加奥数竞赛,底气不足,毕竟这种拼脑的竞技场里藏龙卧虎，高手如云，自己还是"菜鸟"级别。若以后有生物方面的比赛，倒愿意参加。事情大致这样，小元妈妈咋能说是我不让参赛？

"您听我解释——"

"老师，您是对我还是对小元有成见？"小元妈妈突然打断我，说话更直截了当。

此刻，我联想之前的几次家长会，从其丈夫的言语中，得知大大小小的事情基本上是妻子说了算。对一个常年在生意场上摸爬滚打的女人来说，养成这风风火火、咄咄逼人的脾性不足为奇。

"小元妈妈，这事现在恐怕一时半会儿也谈不清楚。您听，上课铃响了，我还有一节课，如果您有空，不妨坐办公室等等，等我上完课，再和您交流，行不？"我忙不迭站起身。

"哦，上午10点我要谈笔生意，改天吧。"小元妈妈也立身走向门外……

时间如梭，一上午溜走了。刚准备用微信语音"答复"小元妈妈，猝不及防，学校有一个迎检工作，需配合完成。再缓缓吧，或许更好沟通。一忙，一个下午也没了。

天色入暮，迈出办公楼，天完全黑了。路灯的光沿着射线的边缘倾泻下来，橘黄色的光柱里有无数的生命在跳动，我知道在灯光中舞蹈的不仅是灰尘，还有初春的飞虫。谁不是在忙碌的生活中尽力舞蹈呢？我突然想起小元妈妈悬而未决的疑惑和匆忙离去的背影，干脆登门家访，把事情谈开了吧。

晚上8点，我按响了小元家的门铃。

"吱呀"一声，小元妈妈开门见到我，眼角闪过一丝惊讶，不过，很快就神色自若。"老师，您快进屋。小元，班主任来了，快去倒茶，顺便洗些水果。"热情得和上午判若两人。

"白天事多，只好晚上过来打搅了。"我带着歉意说。

"辛苦一天了，大晚上还让您跑一趟，真不好意思。"小元妈妈有些过意不去。

"没事，只要能解决问题就好啦！"

"小元从小就很聪明，数学一直顶呱呱。我对他的期望也很大，必须上名牌大学，将来还要读研读博，出国深造。"小元妈妈拉开话匣子，滔滔不绝,"我起早贪黑,打点生意,就是想为小元创造更好的学习条件。我可不希望他像他爸那样没出息……"

我坐在一旁,微笑着倾听。而另一旁的小元,则不停地挠着头。估计,她妈也注意到自己太过急切,讪讪地笑了笑。

"我能理解您的心思,因为我也是一个家长。谁不盼望着儿女能成为人中之龙,光宗耀祖?不瞒您说,我也曾对我小孩提出过很多要求,帮她报过美术、舞蹈、跆拳道等辅导班,结果样样没学好。原因是她都不喜欢。莎士比亚说过:'学问必须合乎自己的兴趣,方可得益。'现在我家小孩自己选择学萨克斯,进步很大,都参加好几次大型的表演了。"小元妈妈饶有兴致地听,还时不时点头。

"可我还是想让小元去试试奥数竞赛,您应该给他机会。"小元妈妈仍有点执拗。

"小元妈妈,您误会我了。其实,我想给班上每个同学参加各种竞赛的机会。天底下,哪个班主任不希望自己的学生出彩?学生获奖,老师特别是班主任脸上有光呀!您做生意的,这笔'账'应该很清楚嘛!"我清清嗓子,继续说,"可问题是每项赛事都有一定的规则和名额限制,在确定选手时,得综合考虑特长、爱好、潜力及本人意愿等因素,优中选优。而且,我也私下找小元谈过。小元,有这回事吧!"

"老师问我想不想参加奥数竞赛,虽然我的数学一直不差,但绝非强项。我对生物更有信心,所以拒绝了。"

"小元妈妈,这下您听明白了吧。既然如此,我还能牛不喝水强按头?市场上,不也有规定不能强买强卖,对吧?"

"那是。"小元妈妈表情有点不自然。

"放心,以后有适合小元参加的活动,一定让他上。人尽其才,才尽其用,用才贵在扬长避短、化短为长。这才是班主任该做的,也才能让公平得到体现。家长们都不乐意孩子摊上一个做事有失公允、不讲原则的班主任吧!"我微笑着看着对面的母子。

"肯定的。"眼前干练的女子,倏地,活脱一个懵懂的学生,在老师面前显出一丝局促。

"欧阳老师,听君一席话,胜读十年书。我大学毕业后,就在社会拼搏,也算见过一些世面,现在我完全理解您了。在管教孩子方面,我这当妈的很不称职,往后尽量抽时间陪陪孩子。真心感谢老师您对小元的教育和关心,以后还要多向您请教!"小元妈妈站起来,深深鞠了一个躬。

"应该的,往后咱们多联系。"我站起来,"不打搅你们了,我该回去啦!"

小元妈妈执意要把我送到小区门口,我们边说边笑。

走出小区,才发现是一个满天星光的晚上。道路两旁的树,蓊蓊郁郁,在路灯的投射下,似乎能看清恣意生长的样子。我突然悟到,在教育中,需要家校协作,共建共育,学生一路上才可在师长的呵护下,乘坐开往春天的生命之车,走向灿烂的人生。

技巧点拨

德国哲学家莱布尼茨说:"世界上没有两片相同的叶子。"每个人经历、境遇不同,价值尺度自有差异。惯以自身标准衡量世界的人,世界在其眼里总是片面的。总是以己度人的人,既无法真正了解别人,也无法了解自己,更别提为他人着想。小元妈妈便属这类人。

在期盼儿女干霄凌云心理的驱使下,父母态度不友好,说话呛人,是可以理解的。想让儿子参赛,对师生及其父母来说,不管是否取胜,都是利好之事!焉存老师"封杀"学生之理?面对不明事实真相而"怒气腾腾"的家长,怎么办?

找到症结,施以一"缓"一"及"之计。一"缓",留足时间,缓冲情绪。人在愤怒、悲伤等情绪中,会降低理智,甚至丧失自控能力。此刻,最佳办法便是搁置、冷却。在相对独立的时空中,双方能重新审视事情,寻求解决方案。一"及",留置处理问题的时间不宜拉长,应选择恰当时间解决。亲自登门,主动说明事情原委,这招的要诀落在立场上,即"换位思考"。"天底下,哪个班主任不希望自己的学生出彩?"家长不就是希望孩子参赛获奖,给自己长长脸吗?老师也是这心理啊。可凡事得讲规矩:"确定选手时，得综合考虑特长、爱好、潜力及本人意愿等因素，优中选优。""人尽其才，才尽其用，用才贵在扬长避短、化短为长。""家长们都不乐意孩子摊上一个做事有失公允、不讲原则的班主任吧！"一"揭"一"将"，说到家长心坎上去了，自然能心悦诚服接受。还要给家长吃一颗定心丸——"以后有适合小元参加的活动，一定让他上。"如此一来，家长满心喜悦。

消弭隔阂，打通交流的阻梗，捧着一颗诚心，急"家长"之所急，需"家长"之所需，换来的将是满园春色。孩子也会在师长及父母的长情陪护和关爱下，踏上生命之车，携带饱蘸着生命繁华的画卷奔向花团锦簇的春天！

理解，是从信任中开出的鲜花

欧 艳

班级微信群里小妍的妈妈发出了一条信息，一看就是满屏的兴师问罪：周老师，我家小妍的数学成绩怎么下降得这么厉害？您是怎么教的？能不能给我一个解释？当我看到这条消息时，已经是下班回到家之后了，而此刻离消息发出的时间已有40分钟，群里却一直保持着静默，一种尴尬的静默。在这个手机不离手的时代，我相信有很多家长已经看到小妍妈妈的信息，只是装作没看见而已。

我的搭档小周老师很年轻，工作很敬业。不知道周老师有没有看到信息，他会不会觉得难堪？面对家长在微信群里的当众质疑，我担心他缺乏经验不知道如何应付。于是我拨通了他的电话：

"小周，你看到群里小妍妈妈发的信息了吗？"

"看到了，刚刚小妍妈妈还打电话质问我了。小妍最近的学习状态确实很不好，成绩下降了，但家长也不能完全把责任推到老师身上吧！"

"小妍最近精神涣散，状态欠佳，我也注意到了，这肯定是有原因的。我和小妍妈妈先沟通一下，了解了解情况，不用担心，问题总能解决的。"

作为班主任，协调好家长与任课老师的关系是我的责任。再说，小周老师的教学能力和工作态度毋庸置疑，我必须出面帮助他解决这个问题，不能让年轻的老师受了委屈，浇灭了工作热情。于是我先在班级微信群里回复了一条消息：小妍妈妈，您好！孩子成绩下降，做家长的心里肯定着急，我完全能够理解你的心情。这样吧，我们不要在群里影响其他家长，我打电话给您，我们聊一聊。

"小妍妈妈，您好！我是欧老师，小妍最近的学习状态确实不如以前，但在我看来这和小周老师关系不大，不能怪他。您在班级微信群里发的消息会让小周老师尴尬的。小周老师责任心强，也很专业，这是所有老师和家长有目共睹的。"

电话那头，沉默了片刻。

"欧老师，我承认发那条消息，确实是有点冲动，没考虑到小周老师的感受，但我着急呀！眼看就要毕业了，小妍的数学成绩却一落千丈，这可咋办呢？"

"是呀！我也替她着急，可着急也解决不了问题，咱们得先找找原因。她最近上课精力不集中，作业字迹也变得潦草了，可见她的学习态度出了问题。下课的时候，她也不像往常那样和同学一起玩，不那么爱笑了，总是一个人坐着发呆。以前她是个爱漂亮的女孩，最近我发现她有时候头发是散乱的，衣服也不太整洁。"

"是吗？欧老师，可能最近我太忙了，没顾得上她……"

"您是在忙什么呢？是因为工作吗？"

"不是因为工作，是家里的原因。原先我打了一份工，后来怀上三宝，就辞掉了。现在小妍的弟弟才几个月大，需要照顾。小妍的姐姐读高中了，没在学校寄宿，为了孩子的安全，下晚自习我得去接她。以前有小妍的外婆在帮我照顾孩子，最近她老人家因为一些事情回老家去了，剩下我一个人，要照管三个孩子。老三还小，老大读高中了，我的精力放在了老大和老三身上，忽略了老二小妍。整天像个陀螺一样忙个不停，欧老师，有时候我在想不知道自己还能撑多久……"

听着这位三胎妈妈的倾诉，我有点心疼她的不易——

"小妍妈妈，您确实太不容易了，那小妍爸爸呢？爸爸应该帮忙照顾孩子呀！"

电话那头，又沉默了……

"欧老师，不瞒您说，我和小妍爸爸……离婚了……"我听到她的声音哽咽了。

"为什么要离婚呢？你们都有三个孩子了呀！"尽管我知道打探别人的

隐私不太礼貌，但我还是忍不住想知道原因。

　　后来小妍妈妈告诉我，原来是因为小妍爸爸出轨了，在她怀上三宝的时候发现的。当时正处于孕期的她倍受打击，几次三番想把肚子里的孩子打掉，可终究还是不忍心。本想着忍一忍，生下孩子，或许他能回心转意，三个孩子总能牵绊住他吧！可是婚姻毕竟不是锁链，没有了爱与责任，就算拴得住人，也拴不住心。在三宝两个月大的时候，小妍妈妈还是选择了离婚。她不想守着婚姻的空壳过日子，早离早解脱，往后很长一段时间的生活或许会很苦，但她还是坚持要带着三个孩子一起过……

　　或许同为女人、同为人母的缘故，更容易让人共情，我似乎忘却了小妍妈妈对老师的无礼，内心充满了对这位三胎妈妈的同情。如果可以，我甚至想拍拍她的肩，或者给她一个拥抱。生活一地鸡毛，我能感受到她的力不从心。我知道了小妍近期学习状态不好的另外一个重要的原因就是——父母离异。

　　"小妍妈妈，小妍成绩下降，其实也不能全怪小妍。也许是因为最近一段时间她不被家长重视，加上爸爸妈妈又离婚了，她还不能适应。一个人拉扯孩子，挺不容易的，虽然离婚了，但孩子爸爸该承担的抚养义务就要他承担，您不能硬撑着。这样吧！明天我找小妍谈谈，做做思想工作，也让小周老师以后也多关注她。我们一起努力，好不好？另外请您以后不要在班级微信群里对小周老师进行质疑了，如果您信得过我，就一定要相信他。"

　　"好的好的，谢谢您，欧老师！我以后会多关心小妍，今天真的很不好意思，错怪小周老师了，还耽误您的时间听我唠叨了这么久。"

　　我们聊了足足一个小时，通完话之后，我的内心五味杂陈。有对她的同情，有对她丈夫的不满与不解，也有对小妍的怜惜。第二天我把小妍妈妈的遭遇告诉了小周老师，他决定和我一起帮助小妍。和一个有着宽容之心的老师做搭档，也是一件幸福的事。把事情说开了，家长、老师相互理解，工作就更好开展了。我们找到小妍，和她谈心、鼓励她，告诉她：即使爸爸妈妈不在一起，孩子也可以幸福地长大。妈妈不是不关心你，而是忙不过来。你已经是六年级的学生了，以后在家里还可以帮着妈妈干点儿家务活，带带弟弟。在学习上有什么困难可以找老师和同学，有什么烦心事，也可以找老师倾诉。我们一起努力，相信以后一切都会越来越好的。

自那以后，小妍的学习渐入佳境，脸上的笑容也越来越多了。乐观自信是一个人幸福的保证。我也时常和小妍妈妈保持联系，她真诚地向小周老师道歉，他们之间的误会早已化解……小妍如今早已毕业，不知道她和她的妈妈现在过得怎么样，我依然能想起她笑起来的模样。

技巧点拨

生活中，人与人之间有时候难免会有摩擦与误解。有一种能够化解冰雪、解除隔阂的力量是"懂得"。懂得，理解，是沙砾里盛开的花。

小妍妈妈因为孩子成绩急剧下降，而误解小周老师工作懈怠，并当众质疑，却不知其真正原因是孩子受到家长冷落和父母离异的影响。小周老师工作兢兢业业，却无端遭到家长质疑，心中也必定委屈。一个气愤，一个委屈，如果双方僵持，隔阂只会越来越深，矛盾也会愈演愈烈。家长与老师之间的对抗，只会阻碍孩子的发展。作为班主任，必须尽快与双方沟通，解决问题。

首先安抚小周老师，相信他，让他明白他不是一个人，有问题大家一起解决；然后再和小妍妈妈联系，通过谈话了解到她家里的近况，并引导她明白孩子成绩下降的真正原因，消除了她对小周老师的误会。只有找到问题的症结，才能"对症下药"，解决问题。因为信任，小周老师愿意把问题交给班主任来解决；因为信任，小妍妈妈才愿意把不愿人知的遭遇说给班主任听。因为理解，为人妻、为人母的班主任充分感受到了一个离异的三胎妈妈的不易；因为理解，善良的小周老师对家长的无礼行为选择了宽容。人与人之间的误会，无论有多大，只要能够相互理解、真诚沟通，终究会化解。理解，是从信任中开出的鲜花，芬芳着我们的岁月。

让家长讲自己的故事

付香成

"叮铃铃……叮铃铃……"电话铃响,声音急促而刺耳。午夜的电话总是让人心惊,我浓浓的睡意顿时消了大半。

"喂,付老师,付老师,我家小逸这个点还没回来,他会去哪里呀?今天在学校里有没有发生什么事?您快帮我想想办法……"电话那头的声音急促而略显慌乱。

打电话的是小逸妈妈,单亲,一个人把小逸抚养大,收入不高,却坚持陪读。

"您先别急,小逸这孩子有分寸。"我安慰着她,"您是说小逸今天下了晚自习后没回家?"

"晚自习回来过,然后说到外面去一下,我还没来得及问,人就不见了。这不,出去了两三个钟头也不见回,电话也不接,您说,我怎么能不担心呢?"

"不接电话,在家您说过他什么吗?"

"没有,没有……"小逸妈妈声音明显低了一点。我知道她肯定有什么事瞒着我。

"男孩子应该不要紧,再说现在社会治安也蛮好,说不定等一下孩子就自己回来了,您不要太担心。"我宽慰她。

"这孩子脾气又倔,又乱花钱……"小逸妈妈一边抱怨连连,一边忧心忡忡。

可当我追问怎么乱花钱,她又连声说没什么。

"小逸在学校没发生什么事呀。"说这话时,我头脑里却浮现出另一幅画面。

晚自习时,小逸心神不宁,频频瞟向右后方,那是小雯的座位,是空的,小雯妈已经替她请了病假。小雯安静而清秀,小逸高大又帅气。有好几次,我看见他们说说笑笑走在校园里,是一道美丽的风景线。

小逸出走十有八九跟小雯有关!小雯的请假也跟小逸相连!到小雯家附近去找。一个大胆的假设出现在我的脑海里。这么想着就去开电脑找小雯的地址。

我让小逸妈妈去某小区(小雯的住址)及附近找一找,一有消息马上告诉我。

小逸妈妈明显不高兴。"怎么跟没事一样?原来不是自己家孩子啊!还说是优秀的班主任呢……"她的抱怨被我听到了。我笑笑,若无其事。

半小时后,小逸妈妈说找到了小逸。在感谢、致歉后,她很纳闷地问:"付老师,你怎么知道孩子会在那里?"

我笑笑说:"因为我年轻过呀!"小逸妈妈一头雾水。

"周末来参加家长主题班会,我们揭晓谜底。"

一场名为"我们也曾年轻过"的家长主题班会如期举行。

班会的第一个议程是:说说那些年我们与父母之间最难忘的事,曾经干过的傻事,有趣的乐事,发生的故事……前提是必须是真事,说说父母当时的处理方式和自己的真实心理。

大胖爸爸摸了摸圆滚滚的肚子,第一个说:"我上初中那会儿,又贪吃又贪玩,总觉得吃不饱,玩不够。读书还算比较好玩,没有什么作业,父母也没怎么管。关键就是吃不饱,肚子老是闹革命!"一句话把大家逗得哈哈大笑。他清了清嗓子,继续说:"记得有一回,班上组织去搞义务劳动,要自己带午餐。我家里穷,没有什么好东西带,偏偏当时,我悄悄喜欢上了班里的一个女生(说到这里,教室里一阵骚动),可不能在她面前丢人现眼呀,怎么办呢?想了大半夜,我决定悄悄从家里拿十块钱,买从来舍不得买的朱古力饼干和健力宝,送给女孩子,显摆一下,赚点面子。谁知第二天,我打开橱柜刚拿到钱时,就被我妈逮个正着。她当时就骂起来了,什么话难听就骂什么。我气极了，又急又恨又沮丧，觉得自己是天底下最大的倒霉蛋，生活在一个破家里不说，还遇到了一个蛮不讲理、丝毫不体贴的老娘，同桌的妈妈多好啊，给他的零花钱他用都用不完……我越想越委屈，越想越气愤，夺门而出，躲到了后山里，学也不去上了……"这时，我发现小逸妈妈陷入了沉思。

小胖爸爸把气氛点燃了，教室里炸开了锅。大家纷纷发言：有说跟同学打架要赔钱遭父母骂的；有说偷邻居西瓜被告状的；有说瞒着父母老师给女孩子写纸条的，给男同学织围巾的，假装偶遇潜伏在路口等喜欢的女生的；还有一位说自己喜欢的女孩子喜欢梨花，他就悄悄地摘了一大把想送给她，白天又不敢送，就一直等到下晚自习熄了灯，谁知正好遇到值日老师来查堂，偏偏值日老师就是自己老爸，吓得躲到课桌下，大气不敢出……

在大家的嘻嘻哈哈中，小雯妈妈说了另外一件事。她用并不高的声音叙述："我上高一时，迷上了看小说，当时经常看到深更半夜，天昏地暗。有一个晚上，我正看得入迷，我妈端了一杯泡好的麦乳精给我，关切地对我说：'别太努力，身体要紧，早点睡哈……'看着她期待的眼神，我一下子就醒悟了。我妈不识字，她以为我在用功读书，很是心疼。还花钱给我买当时算是昂贵的麦乳精为我补充营养，那一刻，我觉得自己特别特别混账，对不起我妈，从此我开始真正努力……"她说着，眼里微微泛着泪光。"要是我妈当时严厉地责备我，我想以我的犟脾气，肯定会和她对着来……"

教室里一下子安静下来，大家都陷入了沉思之中。

我请小逸妈妈来谈谈自己的感想。她动情地说："我们年轻的时候，也干过很多傻事，做过许多错事，在当时看来似乎是天塌下来的大事，但在今天看来，却没什么大不了的。我们那时学习压力小，家长对我们要求低，我们也并不见得就没有出息。现在孩子压力特大，我们的要求又老高，总是急于求成，没能设身处地为孩子想，有时候管得太严，管得太多，反而容易引起孩子反感，而且对孩子未必就好……"教室里响起来雷鸣般的掌声。

接着，我又引导大家列举现在亲子关系的问题，探究我们的应对策略……

最后我总结说："我们也曾年轻过，也曾经历过。当孩子遇到事情时，想一想，我们当年是否也曾经遇到类似的问题，回到自己的青春岁月里看问题，多站在孩子的立场上想问题，很多问题自然迎刃而解……家校沟通也和亲子沟通一样，换位思考，信任、理解、宽容、倾听，方可打开彼此心结……"教室里又响起了经久不息的掌声。

会后，小逸妈妈给我发了一条长长的短信，内容如下：

"亲爱的付老师，您好！今天班会让我获益匪浅。小胖爸爸的讲述让我突然明白，今天的自己和当年的小胖奶奶何其相似！我一个人拉扯孩子，对孩子期望很高，平时对他管束很严，要求很多。那天晚上，我翻看了小逸的手机，发现他用了400多元钱，孩子回家后，直接质问他钱用去哪里了，导致孩子跑出去了……现在想来，孩子当时是多么委屈，而我又是多么愚蠢。还有，与您沟通也没有如实把情况向您汇报，没能站在您的立场想问题，对不起，请原谅……"

小雯妈妈找到我说小雯"请假"的原委。原来，那天小雯生日，私下与小逸交往，被她看见，当众责备小雯，遭到顶嘴，气极之下就打了小雯，小雯赌气不来学校。这节班会课，使她回想起往事，想到母亲当年的宽容，自己如今的苛刻，意识到自己很多地方做错了。她已向小雯道了歉，母女俩已握手言和。

阳光透过窗棂照进来，照在我们的脸上，我们仿佛又回到了那段青葱岁月，还是那个追风少年。

技巧点拨

"每个大人都曾是个孩子，虽然只有少数人记得。"《小王子》中的这句话提醒我们要记得我们也曾年轻过，提醒我们与孩子相处时，把自己也当孩子，站在孩子的角度，这样可以减少绝大部分亲子矛盾。

可是现在很多的大人都忘了自己也曾是个孩子，总是用大人的眼光去要求孩子，去责备孩子，这自然容易引起孩子反感，造成矛盾。这个现象在家长中很普遍，采用主题班会形式，让家长讲述自己的故事，打开尘封的岁月，再现当年的场景，聚焦父母的处理方法，反观自己当时的真实心理，比较实际的教育效果……在看似无意的畅谈中，家长们讲述、回忆、聚焦、对照、反思……没有任何说教，处理亲子矛盾的答案已经揭晓，那就是多站在孩子立场上想问题是亲子沟通的第一要素。

之所以从亲子矛盾入手，是因为亲子矛盾是广大家长面临的直接矛盾，更容易引起家长的参与兴趣。

再由亲子沟通延伸到家校沟通，同样需要站在对方角度，委婉地提醒家长要多站在老师的立场思考，这样方能设身处地，敞开心扉，坦诚交流，从而达到沟通目的。

让家长讲自己的故事，悟沟通的道理，比单纯的说教好千万倍。

现身说法，寓暖于冰

姜灵妍

细细密密下着的春雨，像正在编织的网，网住了整个天地，也网住了窗外的荷塘。

在这样一个带着寒意的阴雨绵绵的天气里，一位中年男子缓缓地走进了办公室。他瘦小单薄的身子，藏在朴素整洁却过于宽大的衣服里，越发地显得瘦削；他面容憔悴，眼睛窈陷，重重的黑眼圈，配上大大的深邃的眼睛，像一口幽深的潭；一头灰白相间的头发越发显得他形神憔悴。尤为引人注目的是，他的手里捧着一摞大大小小交叠着的红色本子。

"老师，我知道您为什么请我来，即便您今天不打这个电话，我也会主动来找您的。"这位父亲一进办公室，立刻放下手中的红色本子，上前紧紧地握住我的手，言语激动，眼底潮湿。

父亲满面的愁容，像极了窗外的天气。也许孩子的现状让眼前的这位父亲焦灼了很久。

这位中年男子是小宇的父亲。小宇是高一下学期选科后，分到我们班的。小宇面庞清秀，目光清澈，单纯而安静。可分班不到一个月，有关小宇夹在教科书里、躲在被窝里、藏在厕所里玩手机的报告就频频传来。我翻看了小宇过往的成绩，入学时成绩优异，上学期的四次月考，前两次班级前二，第三次第五名，最后一次直接降到了班级最后，年级800多名……

"我儿子曾经是非常非常优秀的孩子！我和孩子的母亲每天起早贪黑经营着一家包子铺，家里大大小小的家务事，都是孩子自己做，非常懂事贴心，可现在他一回家，就把自己关在房间里，也不跟我们交流，眼里就只有手机……"说到这里,父亲喉头哽咽,热泪纵横。

每一个孩子在父母的眼里都是优秀的,可真相到底是怎样的,谁又知道呢?

"老师,您看看这些,他以前真的不是这样的……"父亲摊开了桌上的一摞红色的本子——各种证书,他小心翼翼地一张一张打开,那是小宇曾经的辉煌,也是父亲曾经的荣耀。

果真如父亲所说,曾经的小宇优秀得发光!曾经的小宇是父亲艰辛岁月里的一束光!

父亲一张一张地诉说着荣誉背后的故事,每一个字眼都那么温柔,每一段故事里都藏着父亲对儿子深沉的爱和无比的骄傲!

看着眼前铺了满桌的证书,我相信了小宇曾经优秀,但我心头的疑云却堆叠得越来越厚,那么懂事贴心的孩子,为什么会在短短的时间里,沉迷手机,成绩一落千丈?

"孩子成绩从第二落到第五,从第五落到最后,在这个时间段里,孩子有结识过其他的朋友吗?"眼前慈爱的父亲不容许我从父子关系上去找原因。

"没有!当我得知他成绩第五名时,当天晚上晚自习回来,我就把他教训了一顿——狠狠打了他一顿。后来,被我发现他偷了家里三百元钱买了一部手机后,我气得浑身发抖,二话不说当着他的面就把手机砸掉,然后又打了他一顿。我是为他好,可他却不明白父母的一片苦心啊!曾经那么优秀的儿子怎么就变成了现在这样?……"父亲痛苦心酸地诉说着他为了能让儿子听话,让儿子成绩变好而采取的种种办法,言语里满是"慈父"的无奈和无助。

这一番话,彻底颠覆了我对眼前这位父亲的认知!在他心里,成绩是衡量一个孩子好坏的唯一标杆,他也深深地信服"棍棒之下出孝子,黄荆条下出好人"的古训!殊不知,他的"暴力"已经斩断了与孩子本就少得可怜的交流的通道,孩子正用冷漠、顽劣、下滑的成绩狠狠地还击着父亲。

窗外,雨脚已住,天空变得越来越明晰。我心头的疑云也慢慢消散,真相敞露在眼前。在小宇清澈的眼神里,我看到了他心底的单纯,看到了他纯良的本性。父亲心力交瘁却不懂小宇内心真正的需求,他正用"爱"包裹着的大棒，简单粗暴地棒杀着小宇的未来！我决定，把小宇也请到办公室来。

小宇走进办公室，看见一旁哀戚的父亲，脸上浅浅的笑容骤然消失。他冷漠地选择了离父亲最远的那张凳子坐定。

"以前，我女儿上课吃栗子，被班主任逮了个正着，班主任电话告知了我。如果这件事情发生在小宇身上，您会怎么办？"我把问题抛给了面前的父亲。

"我会骂他打他！简直太不懂事了！"父亲义愤填膺，仿佛犯错的就是自己的孩子。

"您知道我是怎么做的吗？我买了一大包栗子放在孩子的书桌上，自始至终没有说一句责备孩子的话。"

面前的父亲有点狐疑，怔怔地看着我。

"小宇，如果你回家看见书桌上的一大袋栗子，你内心里会怎么想？"

"我内心会惭愧，内疚！"小宇埋着头，低声回答。他斜侧着身子，用半个背对着另一旁的父亲。

小宇的回答，就像他的目光一样清澈干净。小宇仍然是那个懂事的孩子，首先需要改变的是眼前这位父亲。

"您知道我女儿是怎么做的吗？她主动向我坦白了课堂上吃栗子的事情并承认了错误。我和孩子她爸听说后装作若无其事的样子，笑着说：'原来我们家囡囡这么喜欢吃栗子呀！'"

听了我的故事，父亲低下了头，久久地沉默。

"以前我的老师也曾给我讲过这样一个故事：古代有位老禅师，发现有个小和尚违反寺规，踩着椅子翻墙出去了，老禅师没有声张，静静地走到墙边，移开椅子，就地蹲下。不到半个时辰，墙外一阵响动，不一会儿，一位小和尚翻墙而入，黑暗中踩着老禅师的背脊跳进了院子。当他双脚着地时，才发觉刚才自己踏上的不是椅子，而是自己的师父。小和尚顿时惊慌失措，张口结舌，只得站在原地，等待师父的责备和处罚。您猜师父是怎么做的？师父并没有厉声责备，只是很平静地说'夜深天凉，快去多穿一件衣服'……"

"我不应该打孩子……"老禅师充满温情的那句话，击溃了父亲内心恪守的信条，他再也控制不住，红了眼眶。他长期紧绷的神经、累积的焦虑和无助在这一刻得到了释放。

一旁的小宇默默地站了起来，径直走到父亲的身旁，蹲下身来，握住了父亲颤抖的手，眼眶红红的。

"高中学业繁重，孩子需要一个适应的过程，成绩偶尔波动，并不代表孩子不努力，变成坏孩子了。况且成绩也不是衡量孩子的唯一标准，健康的心态，开朗的性格，旺盛的求知欲，比成绩更重要。当孩子的成绩有波动时，家长需要做的是帮助孩子分析成绩，激发鼓励而不是暴力相向。您看，小宇还是那个贴心懂事的孩子，是非对错在他心里非常明了，有时候轻轻点拨，或者只是保持沉默，他就会读懂您的良苦用心。只是您用拳头把小宇推得越来越远，小宇选择了用手机麻醉自己，用下滑的成绩报复您……"

我细细地分析，小宇的父亲频频点头，因焦虑和疲惫而紧蹙的面容也舒展了开来。一旁的小宇低着头，一直紧紧地握着父亲的手……

窗外，绵绵春雨里君子湖中伶仃的枯荷，经过一冬的休眠，在春雨的润泽里，在春风的温暖里，已露出尖尖的嫩芽。不久的将来，它定会高高地擎出水面，向世人展露蓬勃的生命力。

技巧点拨

文中的父亲深受传统教育方式的影响，一直恪守"严父慈母""棍棒之下出孝子，黄荆条下出好人"的古训。儿子成绩连续下滑，父亲"望子成龙"心切，选择了用暴力的方式来解决。小宇本性纯良，懂事明理，他没有像其他青春期孩子那样挥起拳头相向，而是选择了用手机麻醉自己，用沉默来反抗，用成绩下滑来抗拒父亲的暴力。父亲本就因为工作和性格的原因，与儿子沟通甚少，暴力更让父子关系降到冰点。

如何破冰，让恪守教条的父亲能站在"庐山"之外，识得"庐山真面目"，明白古训不合理的一面，看到"暴力"给孩子带来的伤害？如何让父子间明白彼此的需要，建立起正常的沟通渠道？

文中班主任老师现身说法，用自己的亲身经历委婉地启发这位父亲，孩子犯错或成绩下滑时,"打"不是解决问题的办法,换一种方式,寓暖于冰,"以退为进",迂回委婉地沟通,或许会起到事半功倍的效果。现身说法不仅能拉近彼此距离、快速建立起信任,也更容易点醒人、说服人。老师以寓暖于冰的处理方式,晓之以理,动之以情,让这位父亲认识到了"暴力"是造成父子关系僵化的关键,而关心、鼓励、分析、引导,才是化解冰雪的良方!

勇敢地去传达情感

文 惠

教学楼前面，两棵水杉树静立着。多年来，它们长得越来越葳蕤茂盛，低处的树枝，似乎靠得更近了，但仍各自占据着一方天地。工作的间隙，我常把目光投向这两棵水杉，看它们安静的、并肩站立的姿态。

那天，我一转头就看见两位老人走进来，正想问候，发现小毅跟在后面，他说爷爷奶奶想跟我见面聊一下。我请老人坐下，给他们倒茶。"小毅的成绩是不是落后了哦？老师你帮我管严一点啊……"爷爷第一句话就问我小毅的成绩，他面色黝黑，眼神里透着几分威严。上课铃声响了，一直沉默地站着的小毅转身回了教室。奶奶打开了话匣子："这孩子是我们老两口拉扯大的，那几年家里条件差，他爸爸在外面打工，他妈妈在他几个月的时候就跟别人走了，我就把他背在身上，走哪儿都带着他。这孩子聪明懂事，学习努力，在家里做事也没一句怨言。"奶奶说着说着就红了眼眶。爷爷叹了口气，说："他现在这个后妈太厉害了，我们自己建的房子，她叫我们不要住，赶我们出去，现在我们都还住在老房子里。孩子他爸爸连话都说不上哟……"爷爷奶奶对孩子后妈有诸多不满。我惊讶于他们忽然谈及家中矛盾，但心里的疑惑渐渐打开，小毅同他爸爸的关系，应该正与这件事情有关。

"老师，能不能多拍一些小毅的照片？我想看看他。"小毅爸爸在微信群里说得最多的，是这句话。每次班级开展活动，我拍照片发群里的时候，都能看到小毅爸爸类似的请求。每个星期，他都会问我一次，什么时候打电话给小毅比较合适。得知了具体的时间，他再打电话到我手机上，让小毅接听。他无疑是个关心孩子的好爸爸，但从他礼貌而克制的话语里，我能感觉到，这份对孩子的关心有些小心翼翼，甚至有些卑微。

"老师，小毅这次考试，成绩是不是又下滑了哦？"小毅爷爷第二次来办公室时，见到我第一句话问的仍是成绩。原来，看到小毅期中考试的成绩后退了几名，爷爷就一个人坐了两个小时汽车赶到学校来。"家里几个男孩，他们小的时候我给他们买宣纸，买毛笔，教他们写字，只有这孩子学得认真，也肯练习，所以他从小字就写得好。他爸爸原来成绩也不错的，但是高考没考好就不愿意复读了。我们全家的希望都寄托在这孩子身上啦。他上初中的时候，我是每个星期都坐车来看他的。"他拿我当自家人，也无比看重这个优秀的孙子，不断叮嘱我要要求严格些。"我请算命先生算了，他后妈跟他的八字犯冲，这个会不会影响他考大学？"他又一次提起孙子的后妈，皱着眉说。我马上摇头，说不会的，这个一点影响都没有。他和我聊了很多，但他没等孙子下课跟他见上一面就匆匆赶回家去了。

我去找小毅接听他爸爸的电话时，小毅正在教室外面的走廊上跟同学谈笑风生。听说是爸爸打来的电话，眼神瞬间就黯淡了下来。我想起他在聊天本上写的"世事纷扰，容不得我们简单生活，简单爱"，忽然明白，他不愿启齿，不愿面对的，并不是现在的妈妈是后妈，而是他最爱的爷爷奶奶跟他的后妈之间水火不相容。他的爸爸夹在其中，无法平衡他们的关系，加之常年不在家，因此怀着愧疚的心情，每个星期坚持打电话给孩子，每到放假都关心孩子何时回家。而他的孩子，对于他打来的电话，却并无多少热情的回应，很多时候接通电话仅两分钟，他就把电话还给了我。小毅的爸爸并不了解，孩子并没有因为父亲常年不在家而心生怨念，他要的东西不多，或许不过是希望家中一团和气而已。但这个并不奢侈的愿望，于小毅而言，却难以实现，矛盾双方的拉锯战，反复拉扯的是他不知如何防御，更不知如何应对的心。

小毅的爷爷再来办公室的时候，已是深秋。南方的秋天不算萧瑟，但天色却总阴沉着。水杉的绿色显得有些幽深。"怎么办哦，这孩子命苦，也没个妈妈疼爱，他那个后妈呀，是从来不管他的……"小毅爷爷苦涩着脸说。"我给您看样东西。"我没有接他的话，只微笑着递给他一个本子——我们的班级聊天本。这个本子用于同学和老师之间沟通交流，可以畅所欲言。我指给他看聊天本里，小毅写的心情："我觉得自己似乎走在一个迷雾森林之中，有时候，我甚至不知道应该如何面对至亲之人的关心……"他写放假回家时看到爷爷的感受："看到双鬓斑白的爷爷在门口等我，所有的疲累和委屈一扫而光。"写假期帮爷爷碾米搬米："往返五次，终于把碾好的米搬回了家。"他写得真挚朴实，面对辛苦的生活，全无为赋新词强说愁的矫情，而是心平气和地接受和感恩，只是字里行间，仍能看出他不为人知的隐忍着的苦楚。"我这个孙儿啊，勤快是真勤快，懂事是真懂事！那段时间我一个人在住院，他又要上课又要来照顾我，下了课就来陪着做检查、帮着拿报告、送饭，一天往返几次，什么怨言都没有。"爷爷有些动容。

"他还小，又特别懂事，不会忍心让你们任何人难过。"

"是哦，他心里也苦，这边要听我和他奶奶的话，那边又要在意他爸爸和后妈的感受。""我们老了，帮不了他多少忙，还是要靠他爸爸妈妈多管管才好……"男孩的爷爷若有所思。

班里准备在期末考试之后开家长会，每个孩子都给自己的家长写了信。小毅的爸爸打电话来说因为在外面工作，可能就不回来参加家长会了。"再说这孩子似乎也并不在乎我跟他妈妈回不回去。"他的语气里有些幽怨。我把小毅写的那几段文字，拍照发给他。"他为家长会准备的信封上写着'爸爸妈妈收'。"我补充道。

家长会那天，教室里非常热闹。我望向小毅的座位，发现他爸爸和后妈都坐在那里。散会的时候，小毅领着他爸爸和妈妈去寝室，手里提着牛奶和水果。他并没有像别的孩子一样攀着父母的肩，或是挽着他们的胳膊，他们之间还有着一小段距离。对小毅而言，或许正是自在的距离，我想。微笑着看他们走远，又瞥见两棵苍青色的水杉，它们之间也有一段距离，看起来刚刚好。

技巧点拨

矛盾重重的家庭关系，对一个孩子来说，如同一缕缕"剪不断、理还乱"的线。矛盾的双方越是紧紧缠绕，孩子越是挣扎想逃，而现实生活中，往往无路可逃。男孩的爷爷奶奶对男孩的继母多有不满，又生怕孩子忘记了自己的苦心付出，站在后妈那边而疏远了自己。男孩的爸爸心中有愧，左右为难，小心翼翼，不敢触碰孩子内心的弦。在爷爷奶奶的抱怨面前，孩子只好沉默；在爸爸的关心面前，孩子也难以积极回应。被矛盾裹挟的孩子，难以获得自在轻松的成长空间。

　　站在局外的老师，如同拂过林间树梢的风，因为听到过同一个故事里不同叙述者的心声，恰可以理解矛盾的症结在于何处。老师将聊天本里孩子的文字和孩子在家书上写的收件人信息透露给爷爷和爸爸，将孩子对他们的爱与理解传达给他们，也将孩子的痛苦、脆弱袒露给他们。作为老师，当然很难去帮学生解决实际的家庭矛盾，但却可以在适当的时候为学生代言，让家长看见孩子不曾展现在他们面前的一面，从而真正理解孩子的苦衷，愿意将矛盾搁置或淡化，给孩子保留一段可以维持安全感和稳定感的距离。适度的距离，宜于守望；而妥当的传达，利于连接。把握沟通交流的契机，去传达情感，老师就帮助家长让亲子关系的缺口处，变成了光照进来的地方。

角色互换，未来可期

赵华峰

我清楚地记得，那年9月，丹桂飘香，当我洒脱地接手六（1）班的班主任工作时，我的生活便开始忙乱起来。

忙乱的缘由在于这个班有几个让我又爱又恨的"熊孩子"。

这不，开学不到一周，他们的"幺蛾子"就出来了："瞌睡虫"的眼睛在课间睁得溜圆，课堂上却紧闭着，酣然入梦，鼾声响亮，引得周围同学睡意蒙眬；"零食鬼"的零食总是香甜可口，惹人垂涎，迷弟迷妹众多，教室遍地狼藉；而在"淘气包"的魔手轻挥之际，同学们的文具用品、书籍作业统统不翼而飞。

这下热闹了！告状的学生来了，反映问题的家长来了，了解情况的学校领导来了。我不由得头大如斗，再没有心情去登高览胜，赏月观花。怎么办？家访去！只要是为了孩子好，家长们总是支持学校工作的。他们太熟悉自己的孩子了，我们密谋了一番，"三个臭皮匠顶个诸葛亮"，会心一笑之后，终于达成妙计——"以彼之道，还施彼身"：先使"釜底抽薪"，遇"瞌睡虫"上课睡觉，则取走其座下凳子十分钟，如此反复，坚持一周，搞定"瞌睡虫"；再施"坚壁清野"，每天在班级不定时收缴零食，拒绝零食进班级，断其来路，拿下"零食鬼"；后演"开门揖盗"，欲擒故纵，把正在作案的"淘气包"堵在现场，逼其低头，乖乖就范。

剿灭"三路烟尘"，好似柳暗花明，实则山重水复，因为"小天王"仍在调皮捣蛋。

"小天王"名叫小林，其人五大三粗，眼似铜铃，目露精光，头发根根直立，常年一双胶鞋，来去生风。他经常有意无意地捣乱，招惹同学，喜欢和别人交往，自己却自私自利。大家对他敬而远之，他又嬉皮笑脸，缠住人家。学习好逸恶劳，作业想不做就不做。老师教育置若罔闻，同学劝告嗤之以鼻，遂成其令名。

我开始找小林谈话，先是旁敲侧击，继而温言鼓励，再则批评教育，最终怒目相向，他却始终就是那粒"蒸不烂，煮不熟，捶不扁，炒不爆，响当当的铜豌豆"。我愁眉不展，四处打听，了解到小林是随其父从外地来这里打工就读的学生。父母离异多年，父亲租了一间房子，带着他读书，一个人打两份工，白天在工厂做事，晚上在夜宵摊炒菜，早出晚归。小林大部分时间被放任自流，逐渐变成了这个模样。

我心中五味杂陈，决定先请小林爸爸来学校一趟。谁知甫一见面，我还来不及说话，那个"小林放大版"的爸爸出手对着小林就是一拳，抬腿又是一脚，我拼了命才拦住他。可怜的小林气呼呼地从地上爬起来，怒视着他爸爸，一副苦大仇深的模样，吓坏了旁边的同学们。我瞬间明白了小林变成"小天王"的原因。

我赶紧支开孩子，转身推着小林爸爸进了办公室。他犹自余怒未消，嘴里喋喋不休，言语之间毫不客气，除怒骂小林不争气外，还连带着表达了对老师的不满。我克制着自己，请他坐下，为他端上一杯水，静静地听着他抱怨，同时思考如何与家长进行沟通。

"林老板……"我试探着称呼他。

"我不是老板！"他直直地呛回来。

"孩子在学校表现不太好，你和他妈妈知道吗？"

"别谈他妈妈，她走了，我当她死了！"他差点咆哮起来，"老师你别管小林的事，让他读完六年级就随我打工吧！听见他表现不好我就烦！"

我们的第一次交流就这样不欢而散，我不甘放弃，先后又找他谈了两次，效果都不理想。

究竟是哪里出了问题？家校沟通关键在于家长和老师间有效交流，但小林爸爸为何总是一副不冷不热的样子，又为何说我根本不了解他们？我决定去他晚上工作的地方一探究竟。

晚上 8 点我出了门。外面冷雨淅沥，我缩了缩脖子，向夜宵市场走去。远远地，我看到了一个熟悉的身影——小林，他正绷着个脸给客人上菜。我有些意外，找了个能够看得到厨房的位置，一边观察他们，一边等待时机。今晚客人不多，但小林爸爸还是有些忙碌，不时擦汗。终于，客人离开，我走上前去，叫住了他。

小林爸爸看到我，眼神中露出一丝惊讶，问："赵老师，这么巧，你是来这儿吃饭的吗？"

"我是特地过来，等你好一会儿了呢。"我向他说明来意。可能是见我亲自寻来，小林爸爸这次没有表现出抗拒和不耐烦，态度温和了不少。

"小林爸爸，您听我说。"我真诚地注视着他。

"你的孩子，敏感易怒，自卑又自负，好发脾气，喜欢伤害别人，是什么原因呢？"我看得出来，他听得很认真。

"你们的离异，给孩子带来许多伤害，他内心憋闷，苦楚难言，不会与同学沟通……"小林爸爸的头低了下去，嘴唇紧抿着，脸上堆满了无奈。

"你一言不合就打孩子，孩子就想着用暴力去解决问题。"

"唉！"他叹息起来。

"父母不管孩子，孩子体会不到父母之爱，就会仇视别人……"这时，我看见他身子明显地震了一下，终于迎上了我的眼神。

"所以，孩子身上的问题不应该全算到他账上，大人也必须反省是不是自己并没有做好！"或许是我的直白触动了他，他黝黑的脸庞露出比哭还难看的笑容，眼神里却显露出希冀之光。

"赵老师，你说的我听明白了，可我一个粗人，不懂得如何教育孩子，你能给我提些建议吗？"他诚恳地问我。

终于等到这一问！我顺势推出为他们量身定做的计划——为期一天的父子身份调换。两人互换身份，站在对方的立场上，体验彼此的感受。小林成为爸爸，感受父亲打拼的艰辛；爸爸变身小林，体会家长教育的粗暴。小林爸爸面露难色："这不是要我给他当儿子吗？哪有这样的道理？"我安慰他："你放心，只是一天，让他感受一下你的辛苦，小林那边我也会做好工作的。"他还有些犹豫，但经不起我再三劝说，最终答应了下来。

第二天，我把小林叫来，说明了交换身份做父子这一游戏，他显得很感兴趣。晚上，我又来到夜宵摊。虽然还是小林爸爸掌勺，可备菜、切菜、招呼客人等一应事务，全交给了小林。小林爸爸还时不时要小林拿主意，小林忙得晕头转向。好不容易空闲一会儿，小林还要学着他爸爸的样子，横眉怒目，恶语相向，大声斥责他爸爸。小林爸爸几次要动怒，但碍着游戏规则不好发作。时间一点点过去，夜市即将结束，此时的小林和他爸爸都沉默着，好像在思考些什么。

打烊了，我走上前，还没开口，小林爸爸主动说话了："老师，我心里面有点乱。今天小林用那样的语气对我说话时，我先是气愤，随即意识到，这不就是我平常大吼大叫对待小林的样子吗？我不能老是认为自己辛苦而忽略了孩子的内心感受！孩子今天变成这样，我有责任！"

我趁热打铁，将小林刚才能给客人上菜，在学校能主动干脏活累活、悄悄帮助弱小同学等闪光点告知家长。我眼中不一样的小林，让这位饱经沧桑的中年男人脸上第一次有了发自内心的笑意。

沟通完毕，我又与小林做了交流，询问他化身家长的感受，我欣喜地感觉到了他们之间的心有灵犀。

昏黄的路灯下，夜雨仍在飘洒，我目送他们父子离去，看见两人同撑着一把伞，身子紧紧地挨在一起。

后来，我托小林转送给他爸爸一些家庭教育方面的书籍，又主动加了他的微信，经常跟他聊小林的学习、生活。不久后，我就发现，小林慢慢变了，变得干净、上进、待人友善、懂礼貌了。

六（1）班终于不再喧嚣，孩子们的日子过得充实而快乐。那年小升初，他们都顺利地进入了理想的初中，开始了新的学习和生活。

守得云开见月明，静待花开终有时。

技巧点拨

作为班主任，几乎每一届，我们的身边可能都会有一两个顽劣得让我们头疼的孩子，相对应地，或许也会有让我们更头疼的家长。家长和孩子彼此纠缠，相互困扰，家长苦恼不堪，孩子难有寸进。那么，该如何唤醒他们呢？

小林爸爸在所谓的艰辛中忽视了教育的本质，不知道如何去培养孩子；而小林则在家长简单粗暴的教育中养成了不良习性，二者都很难有所改变。班主任老师在与家长的沟通中，始终不离不弃，在取得家长的信任后，安排了一场身份互换的游戏，让父子两人亲身体验对方的生活和心路历程，纠正了父子两人的认知，解决了孩子教育中存在的问题，最终帮助小林渐渐变化，慢慢向好。

有时候，互换一种角色，站在对方的立场思考，也许就会有另外一种惊喜。

置换身份,请君入瓮

姜灵妍

"老师,小忆可怎么办呀?将来高中都考不上。回到家里就捧着平板电脑,我三催四请,就像在跟空气对话。无奈之下,我上前一把夺了她的平板,她竟然跳起来骂我,骂脏话,你听,你听听……"电话那头的小忆妈妈言辞激动,气愤难当,她把手机拿离了耳边,对准了骂骂咧咧的小忆。

电话这头的我,本想趁着月假,好好地修整一下疲惫的心灵,这通电话却瞬间让我进入了战备状态。我竖起耳朵,警觉地听着,电话那头传来小忆愤怒的声音,显然小忆并没有因为班主任在隔空听着,而停止与妈妈的对峙……

小忆妈妈是一名护士,为了更好地照顾小忆和妹妹的生活,已经休假两年,安心做起了全职妈妈。小忆虽是女生,说话、走路、做事却像极了男生,开朗大度,幽默风趣,在班上人缘非常好,有她在的地方总有欢声笑语。但在学习上小忆却不甚用功,作业马马虎虎,老师也常批评指正,她谦恭有礼,唯唯诺诺,可就是依然我行我素。

"这个人太顽劣了,屡教不改,已经坏了胚子了……"电话那头,小忆妈妈不停地数落着,丝毫不顾及一旁情绪激动的小忆。我试图打断小忆妈妈的话,因为当着"外人"的面,这样评价孩子,这样"以暴制暴"不是解决问题的办法。可是,小忆妈妈就像是被施了魔咒一般,固执地不停地数落着小忆。就这样,小忆妈妈像开机关枪似的,把小忆在家里如何"撒泼耍赖",如何"顽劣不堪"等行为一股脑儿地抖搂出来。当她精疲力尽,挂断电话时,我的手机像在火上烙过一般滚烫,耳朵仿佛被人扇了个大嘴巴似的

"嗡嗡"作响。

我疲惫地瘫倒在沙发上，脑袋里嘤嘤嗡嗡。一连几天，都没有缓过神来。小忆的妈妈为什么会把自己的女儿说得如此不堪？小忆在学校为什么对待学习如此马虎懒散？二者之间是不是有某种关联？种种疑问在脑海里纠缠……

为了解除疑惑，月假结束，我立即找来了小忆最好的朋友小雨。我还没开口，小雨却先说话了。"老师，我知道您要问什么，小忆的妈妈经常骂小忆，小忆稍有不从，小忆妈妈就大吼大叫。小忆妈妈还常常打开大门，唤来邻居，当着众人的面数落小忆……"小雨替小忆申辩着，神情严肃，不像撒谎。

小雨的话让我想起了上次月假期间，小忆妈妈发在班级群里的一个视频，视频里是小忆妈妈数落小忆天天只顾着玩，不理会作业的事情。"我要让大家看看，你到底是个怎样的人！"视频中，小忆妈妈反复念叨着这句话。这情形现在还烙在我脑海里。当时以为是小忆妈妈把视频发错了地方，现在细细想来，小忆的我行我素，小忆与妈妈的对峙都是有因可循的……

"老师好！我们家小忆可怎么办？一点都不听话，每天在家都跟我针尖对麦芒……"小忆妈妈一落座，又开始数落起小忆在家种种不服管教的"劣迹"。

自从上次听了小雨的申辩，联系过往的种种，我的心像被压了块石头，紧迫得喘不过气来。我可怜这位手足无措却不自知的妈妈，我更心痛自尊被无数次揭掉扔在地上踩躏的小忆。一想到这些，我的心像被撕裂了一道口子，隐隐作痛。于是，这一天，我把小忆妈妈请到了办公室。

"对不起，小忆妈妈，我想先请你帮个忙！我闺蜜的孩子，三岁半了，每次去打针的时候，都哭闹不止，医生都没有办法落针……您是护士，可有什么哄孩子的秘诀？"我转移了话题，眼神恳切地望着小忆妈妈。

"老师，您可问对人了，我虽然年纪不算大，但在我们医院，打针可是一把好手，甭管什么样的孩子，到我手里，都安安静静、服服帖帖的。"小忆妈妈眉开眼笑，自信满满地开始介绍起经验来，全然忘了刚才还在喋喋不休地数落小忆。

"您别看孩子小，他们也有自己的脾性，孩子打针哭闹，最不能做的是训斥打骂。恐惧打针，不是小孩的'专权'，一些大孩子、成年人也害怕打针，只不过他们能用理性克制住这种紧张和恐惧感罢了。所以，首先我们要尊重孩子的年龄特点，耐心细心地帮助孩子释放这种恐惧的心理……"小忆妈妈非常认真、细心、专业地讲解着，眼神里盛满了对孩子的怜爱。阳光斜切进窗内，映射在她的面盘上、身上，那一刻，她周身散发着慈爱、温柔、母性的光辉。

"小忆妈妈，您说得非常的专业，我替我闺蜜感谢您的分享。您刚才说要'尊重孩子的年龄特点'，我觉得您说得特别的好！每一个年龄阶段的孩子都有自己的脾性，每一个孩子都曾害怕过打针，每一个青春期的孩子都有过叛逆，叛逆是孩子自我意识的苏醒，是每一个孩子成长的必经之路，我们也需要耐心细心地帮助孩子平稳地度过这个阶段……"我把椅子拉过去，挨着小忆妈妈，握着小忆妈妈的手，紧紧地握着。

小忆妈妈先是一愣，然后若有所悟。

"小忆学习上是有些马虎，但她从不顶撞老师，尊师爱友。小忆为什么跟您对峙，对老师的批评也是左耳进右耳出？面对青春期孩子的错误，尊重和倾听是打开孩子心灵的钥匙。'树活一张皮，人活一张脸'，当着众人的面数落孩子，孩子的自尊自强被彻底击垮，所以她对您的管教和老师的批评置之不理……"

偌大的办公室里，阳光一点点地从窗内隐退。我和小忆妈妈倾心畅谈，在长达几个小时的交流中，我们渐渐达成了共识：尊重是打开孩子心灵的一把钥匙！只有在尊重中，孩子才能学会尊重！把孩子作为平等的个体对待，给予孩子辩解的机会；以同龄人的心态理解、尊重孩子；把我们的语言由控制、斥责调整为询问、商量、激励的模式。在尊重中，建立良好的亲子关系；在尊重中，让孩子学会尊重父母、尊重别人。

华灯初上，夜幕微启，我和小忆妈妈会一起努力，静静守候，把孩子的尊严、学习的热情慢慢地找回来。我们相信：夜阑人静、夜色正浓时，漫天璀璨的星空中一定会有小忆夺目的光彩……

技巧点拨

著名教育家吕斌说:"父母在批评孩子时,请给孩子留点面子,成功的家庭教育来自于父母对孩子的深入了解、接受和尊重,而不是揭孩子的短。"小忆妈妈不缺乏对孩子的爱,她的爱"赤裸裸"地表现在"揭孩子的短"上,她不自知自己种种"错误的爱"的方式,将给孩子的心灵带去怎样的"寒冷"。在成人的世界里,我们为了赢得尊重,努力地工作和生活,而对于孩子,我们却常常利用身为家长的特权,在不自知地践踏伤害着孩子的尊严。

在小忆妈妈几次"无情"的揭短中,我窥见了她内心深处浓浓的母爱和孤立无援;在小忆妈妈执拗的不容打断的"诉苦声"中,我感受到了她的固执和热情。于是,我从小忆妈妈的职业入手,编造了一个故事,精心地进行引导,热心肠的小忆妈妈从专业的角度给予了方法,在她的领地里,她毫无防备,发自肺腑地对孩子心灵的关照和尊重溢满在她的言语里。同样是孩子,切换成家长的身份,理应是同样地"尊重"。身份的切换,让小忆妈妈恍然大悟。我想,此刻的她应该深深地感受到了自己种种"不尊重"的行为,曾经如何让孩子置身于孤立无援的"寒夜"里,如何让孩子的心灵在"朔风"里结成冰。置换身份,请君入瓮,让小忆妈妈开始深刻地反思反省过往错误的处理方式。

让家长看到"师者父母心"

彭胜军

"彭老师，你们学校是怎么管理的？你们校长办公室在哪里？你带我去找校长。要不然我就报警，让警察过来帮我们解决。"

早上6点40分，年级办公室，刚出完早操的我一进门，一对皮肤黝黑的中年夫妇就劈头盖脸地大声质问我。发声的男家长拍着桌子，瞪着眼睛，眉毛一根根竖起来，脸和脖子上暴起一道道青筋，穿着豹纹的紧身衣，满脸横肉，发型极富个性，脑袋剃得光亮，只留头顶一撮头发，脖子和胳膊上都有明显的纹身。

糟糕，来者不善！我用手抚了抚胸口，深呼吸一口气，理智告诉我应先了解情况后处理。于是我面带微笑地安排两位家长先坐下，从办公桌里拿出水杯给两位各倒了一杯水，轻声安慰道："家长，不急，有什么事慢慢说，我一定尽力帮忙处理。"家长看我态度友好，焦躁的情绪缓和了不少，急忙把事情的原委一五一十地讲给我听。

原来，他们二位是我班学生小杰的家长，之前我们只在电话里沟通过，实地见面还是第一次。小杰同学是美术特长生，高二学考后即外出长沙进行美术专业培训，专业成绩相当优秀，省联考成绩为287分。但因特长学习花费时间太多，导致文化科目学习时间短，成绩不太理想。为了短期内能迅速提高文化成绩，本不富裕的家庭拿出近三万元的资金购买了全科网课资源，让小杰在家线上恶补文化成绩。小杰同学也努力，每晚上网课学习到12点钟，各科大大小小的学习笔记做了近20本。而早自习一进教室，发现前一晚整整齐齐放在桌上的笔记本资料不翼而飞了，一本都不剩。问了同学都说没拿，也没有看见谁拿了，这才急冲冲地打电话叫爸妈过来帮忙找。

"二位先别急，先别急，我先找小杰详细了解一下情况。"我赶紧去教室把小杰请到办公室。小杰一进办公室就情绪失控，放声大哭起来："完了，考不上了，完了……"

我用力地拍了拍小杰的肩膀，用很坚定的语气对他说："小杰，老师跟你说两点：第一，男子汉大丈夫流血不流泪！这点小事没必要哭哭啼啼。当年钱学森从美国回国的时候，不是什么东西也没带吗？中国照样原子弹爆炸，导弹上天。原因何在？都记在脑子里了。你这么努力和专注，这些笔记本上的东西其实早已牢牢记在你心里了，所以一定要有信心，即使没这些笔记本，你照样能考好，照样能上本一。第二，事件发生的时间和地点线索都这么清晰，应该不难找，我和你爸妈一定会想办法帮你找回，现在学习时间非常紧了，你先回教室，不要耽误正常的复习。"

"谢谢彭老师，麻烦您了，我先回教室上课。"和他爸妈打了招呼后，小杰从办公室离开了。

事情的来龙去脉搞清了，我整理了一下思绪，头脑里飞快地思索该怎么处理。

我和家长仔细分析，笔记本资料是晚上10点20分下晚自习到早晨6点40分早自习之间失踪的，失踪原因有两种比较大的可能：一是同学恶作剧故意把笔记本藏起来戏弄小杰；第二就是被校园捡垃圾者顺走。经询问，小杰是最后一个离开教室并且是最早一个到班的，那么第一种可能基本可以排除。剩下的只有第二种可能，被在教学区捡垃圾者顺走。

于是，我立即向学校政工处汇报了相关情况，征得同意后去学校保管室借到口罩、橡胶手套和铁夹，带着家长前往学校几个捡垃圾的工人家里。说明来由后，我戴上口罩，卷起袖子和裤腿，不顾垃圾堆散发的一阵阵恶臭，弓着身一点一点地在堆积成山的垃圾里仔细翻找，小杰爸爸看我没有一丝犹豫就动起手了，脸一红，皱着眉头也戴上口罩加入搜寻工作。大海捞针似的忙碌近两个小时，但依然一无所获。

天空中，火辣的阳光在肆无忌惮地宣泄自己的任性。"小杰爸爸，您看，已经是中午1点多，你们先回家吃饭，这里就交给我吧！我一定想办法把资料找到，原原本本地交给小杰。"

原本态度蛮横的小杰爸爸看着我脏兮兮的手、脸上密密的汗珠和湿透了的衬衫，脸上充满了歉意："辛苦彭老师了，您尽力了，实在找不到也就算了。"说完叹了一口气，满脸愁容地回家了。

前往学校食堂路上，无意间一台治安监控摄像头在眼前闪过，我突然灵光一闪：我班教室不是高考考室吗？那一定有高考监控摄像头，只要能调取监控视频，"作案者"一定无所遁形。于是，我当即打电话联系科技馆馆长。

乖乖，科技馆监控室所有高考考室的监控录像都是系统默认保存的，我心中一阵暗喜，马不停蹄赶到科技馆三楼监控室，找到班级教室相关录像视频。因为不确定"作案时间"，视频画面只能一帧帧去看，墙上时钟滴答滴答响，一个小时过去了，依然一无所获，我的眼睛也因为长时间盯着屏幕感觉又酸又涩，眼角不由自主淌出泪水。突然，我高兴得几乎跳了起来，握着鼠标的手不停颤抖，监控视频画面显示凌晨 1 点 25 分，空荡荡的教室出现了一个人影，头上还戴着专用手电筒。录像画面清晰地显示他从小杰同学桌上熟练地拿走了笔记本资料。我一眼就认出是我校负责高三教室卫生的环卫工人文某。他有教室大门钥匙，有"作案条件"。我马上对视频进行手机下载取证，联系年级主任和政工主任来到文某家，面对如山铁证，先前还死不承认的他乖乖交出了藏在房间里的资料，并一再道歉。

拿到资料后，我立刻联系了家长。当闻讯赶来的家长和小杰看到这些失而复得的宝贵资料，眼含泪水。小杰爸爸更是双手紧紧地握住我的手，言语激动，眼底潮湿，一个劲地说："谢谢老师……老师，辛苦您了……"感激之情溢于言表。此时，肚子咕噜咕噜叫个不停。猛然看时间，已是下午 2 点半，忙碌中自己早餐和中餐都还没吃，但这一刻，作为班主任的我感到无比幸福。

后来，经过努力，小杰同学高考文化成绩 498 分，以超过本一线 80 多分的成绩被 H 省科技大学环境设计专业录取。

技巧点拨

俗话说,"师者父母心"。就是说,老师要把每一个学生当作自己的孩子来对待。面对学生丢失物品,尤其是关系到自己一生前途命运的重要物品这件事,身为教师该如何把这师者之爱、父母之心落到实处呢?面对学生家长的气势汹汹、大声质问,此时,身为教师又该如何与他们沟通交流,妥善地解决问题呢?

首先,班主任老师没有作壁上观,没有抱怨家长态度蛮横,没有抱怨学生自己不慎,更没有自觉委屈而与家长针锋相对,而是用"请坐"和"倒水"这种"小动作"先稳定家长的情绪,宽慰孩子的心灵。其次,保持冷静的处事态度,逐一排查丢失物品存在的可能性。最后,以极大的热情参与到寻找物品的行动中,用真诚的态度、踏实的行动和执着的努力,最终找回了丢失的物品,让家长真正读懂老师的"父母心肠",从而赢得家长的尊重和信任,也在无形之中为孩子注入了成长的力量,插上学业腾飞的翅膀,问题也得到了真正圆满的解决。

巧搭台阶，跟踪助力

周春勇

大山里，夜渐深。悦耳的虫鸣就像一曲温柔的无名歌谣从四面八方的田野里悄然响起，迷雾般地向着静谧的乡村校园蔓延。虫鸣声轻轻悄悄地，飘过空空荡荡的操场，透过窗纱哄睡了疲惫的孩子们，向着教师们明亮的窗前飘去。坐在窗前批改作业的我，聆听着窗外微弱而动听的虫鸣，心中一片宁静。

"咚咚咚……咚咚咚……"一阵急促的敲门声打破了这美好的宁静。紧随而来的是一个孩子同样急切的喊叫声："老师，老师，不好了……不好了……"

我急忙放下作业，赤着脚，快走几步打开房门。门外是寝室长小怡，她边喘气边说："老师，老师……小敏不知道什么原因……在寝室不停地哭……把同学们都吵醒了，怎么也劝……怎么劝也劝不住，有的同学也跟着哭起来了……您……您快去看看吧！"

我跟着小怡赶到寝室，安抚好其他同学，把小敏叫到房间了解情况。小敏个子不高，鹅蛋脸，平时笑起来两只眼睛特别明亮可爱，而此时却是低着头，一言不发，只是一个劲地啜泣。经过很长时间的疏导，她才低声地说："我想回家，不想读书了……"至于为什么不想读书，她却始终没说。

于是，我只好找她好朋友了解下午到傍晚的情况，但是并没有特别的发现。再见她时，她不再啜泣，只是依旧低着头。我蹲下身子，安慰她的话刚想出口，就看见了她紧攥的拳头，我一抬头竟发现她的目光中还透着"狠厉"和"尖锐"。我不由得心中一紧，一个不好的想法压在我的心头。于是，我改变策略，温和地对她说："你想回家，老师可以答应，但是我们要约法三章。"

听了我的话，她的眼神略有缓和，而我的心却还紧紧地揪着。

我开始说我的要求：

回家的时间只有一天，早上去，傍晚要回来上晚自习；到学校之后要好好读书。

说完后我和她拉钩，表示双方都会遵守约定。

把小敏送回寝室后，我立即跟她母亲取得联系。

"小敏妈妈，你家小敏今天在学校就寝时哭了。我想知道小敏假期是跟谁过的，回家期间她有没有特别的情况。"我几乎是一口气把话说完。

"老师，这个国庆假期她是跟我过的，其间他哥哥回来玩了两天，她还挺高兴的，也没什么特别的事情啊。"小敏妈妈漫不经心地回答。

听了小敏妈妈的话，解除了我的担忧，我不由得松了口气，随即问道："嗯，那她国庆在家，都做些什么呢？"

"老师啊，我跟你说，这孩子在屋里就知道玩手机、看电视啊，叫她做作业，怎么说也不听啊！"

"那你就没想办法管教一下？"

"我们又没读多少书，只能随她去了，现在她不想读书，以后的苦也由她自己吃，我们当父母的送她读书也送了，该讲的话也讲了，我们都尽力了……"小敏妈妈无可奈何地说道。

我听着小敏妈妈的话，看着窗外漆黑的夜色，只见大山隐没在黑暗里，平时清晰可见的蜿蜒山路已全然不见踪影，此时面前一片黑暗，哪还有路的影子？一边听着，一边想着，我的心头一片沉重。沉默良久，我向小敏妈妈交代了小敏回家的相关事项，请她早上来接，晚上送回，并请观察小敏一天在家的行为，傍晚再交流。

第二天，小敏一看，她的母亲果然来学校了，她欣喜地看向我，又转过头看向她的母亲，见我朝她点了点头，明亮可爱的眼睛又出现在她脸上，她迫不及待地扑向母亲的怀抱。傍晚，她如约回到学校，情绪已基本稳定。据小敏母亲反映，她在家一切如常。而那片黑暗却像做大山压在我的心头，沉甸甸的，始终挥之不去。

11月，因雨雪天气学校放假一周。归校后第一天晚自习，小敏到办公室借我的手机给妈妈打电话。电话中，她对母亲说，她想回家，不想读书了。果然，事情再次发生了。我反复地想着两件事情的前后经过。

经过比对，我发现小敏提出不想读书的事都是在长假之后，而且放假回家之后小敏基本上都是看电视、玩手机，两次回来她的作业都没有完成。怀着忧虑的心情，我再次拨通了小敏妈妈的电话，电话中传来了熟悉的声音和相似的话语。

"她在家就是爱看电视、玩手机，我们也制止过，喊她写作业又不听！"

"该做的我们都做了，作为父母我们没什么文化，我们已经尽力了……"

"哎……读书是她自己的事情，她自己不努力，不想读了，我们也晓不得怎么做。"

小敏妈妈无可奈何又满是埋怨的声音从声筒里传来。

从这些抱怨当中，我找到了问题症结所在，答案便是两个字——"满足"。因为事事顺从，尽量满足，所以小敏受挫能力弱，自我约束能力差，也不懂得控制自己的情绪，在学校很难获得成就感，也很难找到知心朋友。而放假积攒起来的作业让她恐惧，所以她觉得在家的舒适感，要远远超过在学校的，自然就产生了"逃避"的想法。虽然找到了原因，但小敏妈妈的话语，依然反复地在我脑海里响起，让我不断想起那个漆黑的夜晚，那满是漆黑"无路可走"的夜晚。

"叮铃铃……叮铃铃……"下课的铃声打断了我的思绪。三三两两的学生从教室出来，打着手电，沿着路灯向着家的方向走去。看着他们的背影，看着他们头上的路灯，我忽地眼前一亮，脑中一闪——"路灯"！我看着教室外的路灯，看着那被一盏盏路灯照得清晰可见亮晃晃的圆圈，那一个一个被黑暗间隔的亮圈连起来照亮了一条从学校通往家的路。路上依稀传来孩子们的欢声笑语。

经过一周的准备计划，周五放学的午后，我拨通了小敏妈妈的电话。

"小敏妈妈，小敏同学在我心中是个非常好的苗子，只要教育得好，将来成就不可限量……"我表扬道。

小敏妈妈惊喜地说:"老师你说的是不是真的?没想到她……"

"嗯,是的。但是,如果放任不管……这个好苗子就毁了,你家的经济压力也会更大,你想想每天你看到她在家……"我略显担忧地说。

"那怎么办?我也没办法,喊她也不听……"

"我知道你有帮助孩子的决心,只是苦于没有办法。所以我想了个办法,我会和你一起努力帮助小敏同学的。但是再好的办法,只有坚持不懈,严格执行才行哦……"

"嗯,是的是的,老师你讲,只要能够帮到她,我一定全力而为。"

"好,那我们就一起努力。我觉得小敏同学各方面都是不错的,就是受挫能力和自我约束能力比较弱,所以我是这么打算的……"

"老师你讲得太多了,我记不住哦……"

"不要紧,我做了一个计划表,我会让小敏带回来给你,如果你完成了,小敏就会在上面打钩,你根据计划表完成任务就行了……"

"噢……"

"只要我们一起努力,我相信这个孩子以后一定能够让你扬眉吐气……我们一定会为她感到骄傲的!"我激励道。

"好!有老师你的帮助,我的信心也足了。小敏能够遇到您这样的老师,是她的幸运。你们都这么努力帮助她了,我们还有什么理由不加油?太感谢老师了!"

通话完后,我找到小敏同学,给了她一张表格,对她说:"老师想和你玩一个'我与假期有个约定'的游戏。如果妈妈完成了,你就在表格上面打钩,如果你们母子连续两周都完成任务,老师给你们颁发神秘奖励。"

之后的日子里,在学校时由我来陪伴小敏,回到家后,我会通过电话激励家长陪伴孩子。家长见我有心,执行也很卖力。

从学校到家的路灯就这样立起来了,一条清晰可见的路出现了,孩子们可以安心学习了,通往未来的路更加牢固了。慢慢地,在我们不断要求和悉心陪伴下,小敏养成了自主学习的习惯,作业按时交,成绩稳步提升,在学习上有了成就感,脾气也收敛了,在学校找到了知心的朋友。后来,小敏还参加了学校的诗歌朗诵、竹竿舞表演等不少活动,担任了班上的女寝室长,渐渐地,她沉醉在校园生活的美好里,再也没发生过中途闹着回家的事了。

技巧点拨

维果茨基认为:教学应着眼于学生的最近发展区,充分调动学生的积极性,发挥其潜能,超越其最近发展区而达到下一发展阶段的水平。其实帮助家长提升育儿能力也是如此。

在我们的教学过程中,不论是乡村学校,还是县城学校,都有可能遇到"三无"家长,即"无心之过、有心无力、无法可教"的家长,其实,他们同样着急却无能为力。就像文中的家长一般,若想她在家庭教育中发挥作用,帮助孩子,必须帮助她竖起路灯,连起路线。具体来讲就是攻克这几个难点:第一发现问题;第二想到办法;第三监督执行;第四持续发力。这对于很多家长来讲,要做到非常困难,因此我们要给予他们充分的支持助力,帮助他们"拾阶而上""摘一次果子",使他们能从中找到帮助孩子的信心和方法,激发他们自主跳跃的能力,引领他们逐步从"授人以鱼"向"授人以渔"转变。

转移话题，化解矛盾

周泽黎

开学不久的一个晚上，天空飘着小雨。晚自习过后，同学们陆陆续续地离开了教室，我收拾整理好第二天上课的教案，准备回家。突然，一个莫名其妙的电话打了过来："你这老师怎么当的！我女儿受了这么重的伤，你居然不闻不问，也不带她到医院去治疗，学校难道也不管吗？你现在马上带她到医院去……"

电话里，火药味十足。

"您是哪位？是不是打错电话了？"我小心翼翼地问道。

"我是小芳妈妈，她额头上的伤是怎么一回事？你给我说清楚！"电话里的语气更激烈了。

"我打电话告诉小芳爸爸了，而且校医说了，那是一点小伤，应该没有多大关系……"我尽量放缓声音，平心静气地说。

这事还要从下午说起。因为下雨，同学们只能在教室里嬉戏玩闹。一个男同学不小心撞倒了小芳，她额头撞在课桌角上，撞破了一个小口子，血一下子就流了出来。这名男同学认识到自己的错误，连忙把小芳送到学校医务室。校医为小芳做了初步的医治处理，发现伤口并不是很大，止住了血，用纱布做了简单的包扎，并叫她到医院去具体地检查一下。小芳觉得伤口不是很痛，而且还有一节数学课，不想耽误，就没有到医院去，也没有告诉爸爸妈妈。

等我知道这件事时，快要放学了。我对那名惹祸的男同学进行了严厉的批评，并给小芳爸爸打了电话，将事情经过和医生建议完整地告知了他。她爸爸说他在外面出差，不在家，他会转告妻子带着孩子去医院看一看……

小芳妈妈还在絮絮叨叨地发泄着不满，我诚恳地对她说："小芳妈妈，请您放平心态，不要激动，今天太晚了，您约个时间，我们见面详细谈谈，好吗？毕竟有些事情在电话里很难讲清楚……"

渐渐地，小芳妈妈稍稍冷静了一些，答应第二天来学校与我当面再谈。

第二天下午，仍下着小雨。小芳妈妈来到办公室，双手抱在胸前，阴沉着脸，眼睛直直地看着我，一言不发，很明显心中的怨气很深。

我立即起身微笑相迎，搬过来一把椅子，让她坐在我对面，她很不情愿地坐了下来。我沏了一杯热气腾腾的茶，双手递给她，她勉强地接了过去，趁我不注意，又把茶水放到了办公桌上。

"周老师，我家姑娘额头受伤，很有可能会留下伤疤。一个女孩子破了相，以后还怎么自信地生活？万一她以后产生自卑心理呢？再说，您作为班主任，至少该打个电话给我呀……"说话间，她的声音又高了起来，眼睛睁得圆圆的，紧盯着我，脸上写满不悦。

我渐渐明白了，原来是出差在外的爸爸忘记将这件事告诉妈妈，小芳妈妈以为我这个班主任没有重视孩子受伤这件事，学校也没有尽到责任，只是轻描淡写地就处理了……

我正想向她解释，这时一个女生捧着一堆作业本，走了进来，她额头上粘贴着洁白的纱布，正是昨天受伤的小芳，她是数学课代表。

"妈，你怎么来了！我不是叫你不要来吗！"小芳噘着嘴，不高兴地说。

"我不来，谁管你！你老师管你了吗？——你什么事让我省心了？特别是学习！"

"哪有不管，昨晚我不是跟你说了吗？再说医生说了，这不就是一点皮外伤嘛。"

"皮外伤，皮外伤！我看你以后破了相，怎么见人！"小芳妈妈的声音把办公室都震动了，其他的老师都抬起头，齐刷刷地往这边看过来。

小芳匆匆放下作业本，双眼直视着她妈妈，涨红了脸，小嘴嘟得老高，突然她举起右手，"嘶"的一声，把额头上的纱布撕了下来，一道浅浅的伤口露了出来，不是很大，已经开始结痂，但还有点微红。

"你看，你看，不就是一点皮外伤嘛，有什么要紧的！而且老师对我那么好，你还找他胡闹……"说着说着，小芳几乎要哭起来。

我急忙把纱布重新给小芳贴上去，真诚地说："小芳妈妈，现在的医疗技术非常发达，这点小伤不会留有疤痕的。"

上课铃响了，我安慰着小芳，让她平静下来，到教室去上课。

小芳是一个活泼可爱、聪明要强的女孩，有时为了一个不懂的题，缠着老师一定要打破砂锅——问到底。老师们都很喜欢她，总是不厌其烦地给她讲解，直到她弄懂为止。有一次中午放学后，她向我讨教如何分析小说中人物的形象，我耐心地讲解，以致忘记了时间，直到她爸爸找到学校……

"你看这孩子，性格就是倔。"小芳妈妈的语气平和了许多。

我顺着她的话说："倔强是好事，用在学习上就是一股永不服输的劲……"

"学习上，她还是较为自觉上进的，回到家里总是待在书房里看书、写作业……"谈到学习，小芳妈妈脸上露出自豪的笑容，"特别感谢你们老师，总是无微不至地关心她、帮助她。她回到家里，总是说起这个老师对她好，那个老师又帮她解答了疑难问题……"

她一边说，一边自然地端起桌上的那杯茶，轻轻地抿了一口。

这时，雨停了，天上的阴云也渐渐散开，几缕阳光挥洒在校园里，校园顿时明亮起来。

我把小芳妈妈送到校门口，她非常满意地与我握手告别。我们相视一笑，目光碰撞的刹那，心中的冰雪融化，春暖花开。

技巧点拨

作为班主任，在与家长沟通时，首先要心平气和，不与他（她）正面冲突，接着处处表现出对他（她）的尊重和理解，最后采用"宕开一笔"的方法，在诚恳讲清碰伤只是小伤，不会出现家长担心的破相的基础上，再将话题转到双方的共同关注点——孩子的学习和表现上。家长本来是为了孩子受伤的事，怀着一肚子的怨气来到学校，然而交流沟通的话题逐渐偏离之前的

"轨道"，其实，她更想了解的是孩子在学校的表现和学习情况。至此，水到渠成，家校双方达成对孩子教育的共识，完美地处理好了原本硝烟弥漫的"家校矛盾"。

沟通是一门艺术，寻找共鸣是有效沟通的艺术之一，也就是在沟通的过程中寻找到双方的共同关注点。家校联系时，紧紧围绕这个共同点，找到共鸣，通过转移话题，逐渐拉近与每一位家长的心灵距离，从而妥善应对、圆满化解家校之间的"小矛盾"。

设身处地，有的放矢

唐忠玉

上第一堂课，我便注意到这个孩子了。无精打采地趴在课桌上，眼神空洞，浑身散发着慵懒气息，老师上什么课，他都只是呆呆地看着，课后作业也不写。我心中猜想：是不是不想读书？可又一想，哪个孩子不想上进呢？那是什么原因导致他变成现在这样呢？父母是孩子最亲近的人，我便想着与他父母聊一聊，了解家庭情况和孩子的想法。

拨通了他父亲的电话，我表明身份后还没开始说话，他父亲就先说了一大通："老师啊，我知道我孩子不爱学习，如果他捣乱，你就狠狠地批评，打也可以……"

我愣了一下，问："您知道孩子不爱学习，那您知道是什么原因吗？"

"我不清楚啊！我是一个大老粗，每天在外面跑车，哪有时间去了解那么多？我只知道孩子本性不坏，应该不会为难老师吧。"后面的话说得有点小心翼翼。

我无奈，说："他其实很懂事的。孩子的情况他妈妈应该比较清楚吧？"

"一般都是他妈妈管他的。"

"好吧，我给他妈妈打电话吧！"

第一回合失败。第二回合开头竟然差不多："老师，是不是小杰又不听话了？……"还没听我说清打电话的目的，小杰妈妈就先噼里啪啦打了一通机关枪："我也实在没办法了，讲好话不听，骂他也不听，真是没办法了。我每天在酒店里抹桌子、扫地、洗碗，累都累死了，他也不体谅我，还老跟我发脾气。老师，你说我该怎么办啊？"

"小杰妈妈，你先别着急。今天打电话给你，就是为了解决小杰不爱学习这个问题。"我和颜悦色地问小杰妈妈，"你平时跟小杰有过谈心吗？"

　　"谈心？"小杰妈妈有点愣，"他周末回来就问他还有没有钱，在学校和同学打架没有，食堂饭菜吃得好吗，等等，这些算不算谈心？"全是物质方面的，精神方面一句都没。沟通陷入了僵局。我颓丧地放下电话，第二回合又失败了。

　　每天看着小杰在课堂上还是老样子，我心里如火烧一般。一寸光阴一寸金啊，这么耗时间，简直就是浪费生命。可是小杰对我的问话爱搭不理的，还得从他父母那里找解决办法。

　　正好一个朋友在小杰妈妈工作的酒店当管理员，从她那里我了解到，小杰妈妈是个很热心的人，对同事很好，上下关系处理也不错。特别是上次有个客人闹事，小杰妈妈的同事因为气愤差点与客人吵起来，是小杰妈妈帮着处理好了的。看来小杰妈妈是个热心肠的人，与人沟通方面也有自己的方式方法的。那么，怎样才能让小杰妈妈好好跟小杰沟通呢？她能够站在客人的立场把客人的怒火熄灭，应该也能站在小杰的立场了解小杰的想法，进而帮助小杰解决问题。

　　我心里有数了，开始了第三个回合的努力：家访。趁着小杰妈妈休假，我来到小杰家里。

　　小杰妈妈确实是个热心人，看我来后，一番忙乱，泡茶、拿水果……落座后，没说小杰的教育问题，我先夸起了她："小杰妈妈，你真是个热心人，脑子也灵活，听我朋友说，上次酒店里碰到一个闹事的客人，还是你帮着处理好的。"小杰妈妈有点不好意思，摆着手说："嗐，那都不是大事，喝醉酒的人，说两句好话顺着点，他就没脾气了，也就不会闹事了。"

　　"小杰妈妈，你还是挺能站在对方的立场去想问题的。我们是不是也可以站在小杰的立场，替他想一想呢？如果我们站在孩子的立场，顺着孩子讲话，孩子是不是就不会排斥了？慢慢地，孩子是不是也能打开心扉？比如，小杰他喜欢什么，他想要做什么？"我顺着小杰妈妈的回答，提出我的看法。

　　小杰妈妈愣了一下，说："小杰喜欢画画，小时候送他去学了一段时间，后来因为家庭经济原因，就没去了。"

我因势引导："他现在还喜欢画画吗？"

"喜欢！他还想去职业学校专门学画画。那怎么行呢？我们吃了没文化的苦，可不想他再吃没文化的苦了。他得上高中，考大学。"

原因在这里，明白了。"小杰喜欢上高中吗？"

"他不肯上高中，是我们逼他去的。"小杰妈妈一副理所应当的表情，"他一个小孩子懂什么呢？我们得帮他把着关。"

可怜天下父母心。"小杰妈妈，你想小杰考上大学，这个愿望是好的，我们作为老师，肯定也是朝着这个方向努力的，但是，以他现在的基础，考大学相当困难啊！这一点你有想过吗？"

"想了啊！我们也着急，他每次回来我们都给他鼓劲，叫他加油！"小杰妈妈一脸焦虑。

没有方向的努力，再勤奋也没用的。这话我没说出口，小杰妈妈也不会懂的。我只有拿出实际的解决问题的办法，她或许会接受。

第三回合的失败没有让我气馁，我开始了第四个回合的准备："共画一个圆 助梦想起航"主题班会。这次班会，我邀请了家长、任课老师一起参加。班会上，孩子们展示自己最拿手的作品，或朗诵一首诗，或唱一首歌，或画一幅画，或写一幅字等，目的就是让家长看到自己孩子的闪光点。然后请了往届考上中央美术学院的校友来给学弟学妹们分享当初学习的经验：发现自我，挖掘潜力，在老师、家长的帮助、支持下，在自己的不懈努力下，实现自己的梦想。

会后，小杰妈妈找到我，急切地问道："小杰喜欢画画，我都不知道他画得那么好。学校有特长班吗？能帮助小杰考上大学吧？"

"美术特长班的学生文化成绩分要求是低一点，但需要特长考试入围。"我尽量说得明白一点，"小杰喜欢画画，让他上美术特长班是个不错的选择。一是如了他的愿，他就不会跟你们犟着了；二是可以用这个鼓励他学习文化课，考上他喜欢的大学。"

"谢谢老师！我给小杰报名特长班。"小杰妈妈语气坚定。我笑了，这第四回合算是圆满了！

此后，我见证了小杰的上进之路：能跟着老师的节奏好好听课，课后见了老师也会主动问好，每次考试都有小小的进步，这让他越发开心，脸上的笑容也越发灿烂。

心之所向，素履以往。在孩子努力奔赴理想的时候，作为家长和老师，我们可以做的，是给予他们更多的理解、支持和鼓励。

技巧点拨

苏霍姆林斯基认为，"没有时间教育孩子——就意味着没有时间做人"。可现在这样的父母太多了。作为一个班主任，如何在家长与孩子之间架起一座理解的桥梁，让家长与孩子能够互相理解，孩子学得开心，家长觉得放心，这是一个值得研究的大课题。

小杰的父母并不是不爱孩子，对小杰的不理解是因为没有花时间去沟通，也没有站在小杰的立场去沟通。在与小杰父母的沟通交流中，老师没有简单地说教，而是设身处地地站在他们的立场为小杰考虑，替小杰谋划未来。人同此心，心同此理，更何况是为自己的孩子着想呢。主题班会的设计也是站在孩子们的立场，让孩子的父母看到孩子的亮点，家长、老师、孩子齐心协力，发掘潜力、增强信心、形成合力。

共情：化解矛盾的一剂良方

蒋元平

"老师，不……不好啦！小刚和小波在操场打……打起来啦！小刚还把小波咬……咬了一口。"班上的"小灵通"双手扶着膝盖，喘着粗气，一张小脸涨得通红，说话上气不接下气。我"噌"地站起来，跟着"小灵通"来到操场：小刚两腮鼓得通红，眉眼间蹿出火来；小波眼里含着泪水，瘦弱的右手臂上赫然是一大排牙印状红肿的伤口，还渗出了鲜血。我赶紧送他去医院处理伤口，好在医生说并无大碍。

我把小刚、小波和现场的学生叫进了办公室，一番询问，了解了事情的前因后果：小波挑衅在前，小刚咬人在后。我把整个问话过程都进行了录音。

平心而论，小刚平时比较老实，一般不会主动攻击别人，小波则有点顽皮，喜欢惹是生非。我深知，此事虽因小波挑衅而起，但他是受伤者，在处理学生之间的摩擦时不能凭主观意志，更不能掺杂个人情感。

我第一个电话打给了小刚的爸爸，把事情的经过大致跟他说明。通话过程中，小刚的爸爸反复询问小刚有没有事。当得知儿子无大碍，他敷衍地说了句"老师，我还有事，看对方家长说什么再联系吧"，就挂了电话，一副这次受伤的是别人家孩子就事不关己高高挂起的姿态。接着，我又把电话打给小波爸爸，我话音未落，手机那头已是暴跳如雷："什么？我儿子手被别人咬出血了？你们学校怎么回事？我要马上来学校，你们学校必须给我一个说法……"小波爸爸的怒吼声一浪高过一浪："不要以为我儿子好欺负！我倒要看看那个学生有多嚣张！看我如何教训他！"隔着屏幕，我仿佛看到一张鼻子不是鼻子嘴巴不是嘴巴的愤怒的脸。"这可怎么办？"我可是最害怕家长来学校闹事了，不禁一个头两个大。

一小时后，小波爸爸怒气冲冲地出现在我的办公室。

"你做老师的应该知道，现在的孩子都是宝贝。小波长这么大，我都没动过他一根手指头。今天竟然给别人咬出血来，这件事必须有个说法！"小波爸爸的脸色很难看，眉毛拧到了一起，眼里燃烧着怒火，脸色铁青，似乎全世界都欠他的。"那个谁，他的家长还没有来吗？"我给小波爸爸拉来坐椅，给他倒了一杯水，说道："每个孩子都是父母的心头肉，如果是我的孩子，我也会同您一样心急如焚。同样是父亲，您的心情我能理解。孩子们之间难免磕磕碰碰。而且这件事情发生是有一定原因的，小波压在小刚身上，小刚反抗不成功，情急之下咬了小波。小波受了伤，我也很难过。既然事情已经发生了，我们应当去化解，毕竟孩子们以后还会在一起学习和生活，还会是好朋友。"在我苦口婆心地劝说下，小波爸爸渐渐平息了怒火。最后，他提出两点要求：一是对方承担医药费；二是家长带孩子赔礼道歉。不仅如此，小波爸爸要求我立刻叫对方家长来。我知道，现在并不是解除摩擦的好时机，于是不厌其烦地对小波爸爸说："请相信我，我会跟对方家长沟通好的，您先回去等消息。"

当天晚上，我信心满满地把电话打给了小刚爸爸，转达了对方家长的要求，没想到小刚爸爸的态度完全出乎我的意料，他说道："我的儿子，我知道，要不是别人压住他，我儿子也不会去咬人。这是那个孩子咎由自取，要怪就怪他自己。莫说赔医药费，就连道歉都不可能。如果对方家长想不通，让他打官司好了！"说完，气愤地挂了电话。谈话没法继续了。我知道这个时候再打过去也没什么用，只好作罢。看来只能等放月假时他来接孩子面谈了。

两天后，是我校的月假日，我特地安排搭班老师负责放学事宜，并让小波爸爸稍微晚点来。小刚爸爸来了，他径直走进教室。我迎了上去，指着一个角落说："瞧，小刚咬的就是跟他玩的那个孩子。"教室里，小刚和小波正在开心地玩着魔方，似乎他们之间并没有发生什么不开心的事。小刚爸爸静静地注视着两个小家伙，一句话也没有说，似乎在想着什么。我接着说：

"你看,孩子们又成了好朋友。孩子们之间哪有隔夜仇呢?这件事并没有影响他们的感情,他们还是玩得这么开心,完全忘记了曾经发生过的事情。您想想,如果受伤的是小刚,您会如何?事发后,我一直在安慰小波的家长,对于孩子,我也是动之以情,晓之以理。这件事情,也并未给孩子们留下什么阴影。孩子好,才是我们共同的愿望,不是吗?"小刚爸爸点点头:"是啊,看到孩子们开心玩耍的样子,我知道是我狭隘了。孩子们之间的感情是纯洁的、真挚的。"他开始认同我的观点,我趁热打铁说道:"小刚没受伤是最大的幸运。赔点医药费,说声对不起和受伤比起来真不算什么。如果您还是认为是那个孩子咎由自取,不赔医药费,也不道歉,那我们大人真的还不如孩子呢!赔点医药费,道个歉,让这件事无声无息地过去吧!"小刚爸爸沉思了一会儿,说:"老师,您说得对,赔医药费和道歉不算啥,孩子才是最重要的!"

我们一起等着小波爸爸的到来,双方家长见了面,小刚爸爸向小波爸爸表达了歉意,当场把我垫付的医药费转给我,小波爸爸表示了谅解。自此,"咬人"事件画上了圆满的句号。

技巧点拨

在"咬人"事件中,小波既是事件的挑起者又是受伤者,小刚则是被动咬人者。双方家长一开始都会站在各自的立场思考问题,都认为自己有理而且很固执。如果不把他们引导到同一轨道上,任由事态发展,他们确实可能会因为这么一件小事打起官司,进而对学校持敌对态度。所以,巧妙地化解双方矛盾,大事化小,小事化了,体现着一个班主任处理学生矛盾以及家校沟通的艺术。

首先,处理这个事件时,一定要逐个击破。如果没有提前做功课就让家长见面,难免会造成局面失控甚至激化矛盾,不可收场。

其次,与家长共情,拉近距离,化解矛盾。对于小波爸爸而言,孩子受伤肯定会心痛,所以在心痛孩子受伤上要共情,表达同情,拉近心灵距离。对于小刚爸爸而言,他认为自家孩子没有错就拒不同意对方家长的诉求,班主任采用了共情的方式，首先明确了小刚没有错，只是应激反应，和小刚爸爸站在了同一阵线，从而取得了信任，接着让他换位思考，和小刚爸爸产生"让这件事无声无息地过去吧"的共鸣，最终小刚爸爸作出让步，赔偿了医药费并道歉。"咬人"事件得以圆满解决。

有时，讲道理可能会把矛盾处理得更糟糕，而共情，不失为化解矛盾的一剂良方。

巧用"游戏"里的智慧

何 炬

"琪琪昨天晚自习回家后一直哭,全班同学都针对她,排斥她,班上有同学拍她的照片并上传到班级 QQ 群里了。这已经是校园霸凌了,你作为班主任,为什么不及早干预,放任事态发展?你这班主任是怎么当的?如果你管不了,我就向上级反映!"电话那头的琪琪爸爸语气强硬,不容商量。而我却是一头雾水,不知所措,竟一时语塞!

琪琪爸爸反映的情况,我一无所知!难道是我这个班主任太不称职,班上已经巨浪滔天,而我却蒙在鼓里?

前段时间,琪琪的同桌小雅是跟我反映过,琪琪近来常常无缘无故地吼她。小雅觉得委屈,就与琪琪理论,琪琪歇斯底里地把小雅桌上的书掀到地上。

班长也曾找到我,说琪琪没有认真完成作业,作业本上画满了奇奇怪怪的符号,值日班委在班日志上记下琪琪的名字,琪琪就把班日志撕得粉碎抛到空中,碎纸片像雪花一样散落在教室的地板上。

有关琪琪异常的表现接连不断地反映过来。我百思不得其解:平时不爱说话,文静可爱的琪琪,一个假期怎么发生了这么大的变化?我曾试图找她沟通交流,可她就是一言不发,我也一筹莫展,颇感无奈。

琪琪爸爸反映的情况,难道是冰山一角?想到这,我感觉连呼吸都不畅快了,如果真是校园霸凌让琪琪的情绪失控,我作为班主任,就难辞其咎。如果琪琪因此而做出更极端的事情……越往后想,我的脊背越是发冷,额头直冒冷汗。

"琪琪爸爸，你放心，给我一点时间，我立刻去调查清楚。这件事情，明天一定给你一个交代！"冷静下来后，安抚好家长的情绪，我立即在班上展开了全面深入的调查。

多番询问、对质，亲自上网取证，一番紧锣密鼓的调查后，最终得出的结果是，琪琪跟爸爸说的事情都是她自己臆想的。

"琪琪有臆想症？可怜的琪琪究竟遭遇到了什么？短暂的一个暑假，琪琪怎么会变成了这样？"

我怀着沉重的心情，决定利用周末假期，去琪琪家一探究竟，看能否找到疗治琪琪的良药。多年的班主任工作，让我有非常灵敏的"嗅觉"。

琪琪爸爸站在金碧辉煌、豪华气派的别墅前等我，他穿着锃亮的皮衣，梳着溜光的流行的"背头"，衬着圆润的脸庞。这一切都与他的身份极其相称，琪琪爸爸在广东开了一家家具厂，是名副其实的"老板"。

一走进阔气辉煌的大厅，远远地看见了摆在厅堂中间的一幅遗像，我的心头一怔！那是琪琪的爷爷！上个学期，琪琪的爷爷常去学校给琪琪送东西，没事的时候还去办公室跟我拉家常。琪琪跟爷爷拉着手在教室走廊里聊天，笑容甜甜的。那温馨的画面仿佛在昨日，现在我的手机里都保存着几张随手偷拍的照片呢。可这个学期，那种甜甜的笑就再也没有出现在琪琪的脸上了。

"还不去给老师倒水！愣在那里干吗！整天憨憨痴痴的，像个木偶！"琪琪站在一旁，有些拘谨。爸爸一顿训斥，琪琪如梦初醒，手忙脚乱地去倒水。

避开琪琪，我把事情的原委跟琪琪爸爸细细道来。本来打算把事情谈开了就好了，谁知道，琪琪爸爸听了异常激动。

"琪琪，你给我下楼来，你怎么能撒谎呢！"琪琪爸爸朝着楼上吼着。幸好楼上的琪琪没有听见。

在与琪琪爸爸交谈的过程中，一个雷厉风行、杀伐决断的老板形象逐渐清晰地呈现在我面前。同时，我也了解到，琪琪爸爸和妈妈感情不和，家里常常闹得鸡飞狗跳。琪琪妈妈负气离家，已很久没回家了。琪琪与爷爷感情非常深厚，平日里，被爸爸呵斥时，总是爷爷护着她，而爷爷却在暑假去世了……

爷爷的温和与慈祥，爸爸的强势与粗糙，妈妈的缺位和忽视；琪琪在爷爷面前的安然与幸福，在爸爸面前的不安与怯懦……一切的一切，由虚而实：琪琪情感上唯一的依靠随着爷爷的离世而离开，琪琪的情感没有了依托，没有了避风港，没有了安全感！所以琪琪才会患得患失，乃至精神恍惚，臆想同学们都排斥她，针对她。

现在，唯一的依靠就是爸爸，而爸爸的强势和粗糙只会把琪琪推向更没有安全感的深渊。如何把爸爸对琪琪的爱释放出来，如何让爸爸坚实的臂膀也成为琪琪的避风港？得让琪琪爸爸学会示弱！我决定和琪琪爸爸好好商量。

"琪琪爸爸，你看看这些照片，琪琪笑得多开心呀。"我翻出手机中随手拍下的琪琪跟爷爷的画面。

"是呀，琪琪在我面前从来没有这样开怀大笑过。在家里，小心得像只猫，唯唯诺诺的，什么事情都干不好，天天教，都教不会！一点都不像我。"琪琪爸爸遗憾地说道。

琪琪爸爸的"教"就是"河东狮吼"，就是用家长的威严和老板训斥员工的做派，我已经见识过了！

"琪琪爸爸，我们教学中有个这样的活动，你也许在公司拓展训练中玩过，但今天我们只能在纸上玩这个游戏。"琪琪爸爸迟疑了一会儿，答应了。

我在纸上画出了一座独木桥，站在桥两边的分别是琪琪和爸爸。琪琪和爸爸必须分别过到桥的对面去。

"这个游戏我们年会上玩过，'山羊过独木桥'游戏，双方抱着，旋转一下，就过去了。我们玩这个游戏，是为了训练员工团结互助的团队精神，增强凝聚力。"琪琪爸爸一语道破游戏的目的。

"过独木桥，如果你和琪琪不合作，硬碰硬，强对强，就会掉下去，两败俱伤；如果琪琪退让，你前进，一是有失公允，二是会造成你的强势、琪琪的软弱；抱着过去，既能合作共赢，更能表达你和琪琪之间相互的照顾和关爱。"

"老师，你分析得非常好！"琪琪爸爸点头认可。

"这三种过桥的方式中，有一种就是目前你跟琪琪的相处方式——"我故意停顿了一会儿。

"为什么琪琪跟爷爷相处时，那么放松、舒适、快乐，而跟至亲的爸爸相处时拘谨、怯懦、木讷？"

"是因为我太强势了？——可能真的太强势了！"琪琪爸爸有些尴尬地看着我。

"你看，从我进门到琪琪上楼，你跟琪琪讲话的方式，是命令，是训责。琪琪是你的孩子，不是你的员工。在孩子面前，也许我们大人真的无所不能，但我们只是占了年龄和阅历的优势。家庭关系中，父母的强势会造就孩子的软弱和不自信，因为你的强势显示了你似乎'无所不能'。当琪琪面对'无所不能'的您时，琪琪第一心理反应是'我会不会遭来训斥'，而不是想着'如何能把事情条理清晰地做好'。琪琪想把事情做好，却又担心做不好会招来您的训斥，因此才会心慌意乱、手忙脚乱，才会把简单的事情做砸了。而做砸了后必定又是被一番训斥。在这种恶性循环中，琪琪变得内向、怯懦、不自信，进而行动迟缓、呆滞。琪琪在您的强势中失去了自信，失去了安全感，进而变得敏感而多疑……"琪琪爸爸怔怔地看着我，眼神由尴尬变成了担忧。

"孩子也是需要被理解和被尊重的。放下'父母'的架子，不要总在孩子面前扮演强者或者权威。我们和孩子站在同一个高度去理解和探讨问题，看见琪琪的优秀，倾听琪琪的心声，尊重琪琪的选择，琪琪才会足够信任您，才会敞开心扉，才会从容自信地做每一件事。譬如，您把'还不去给老师倒水！愣在那里干吗！'变成'可以给老师倒一杯水吗？'，站在同一个高度，给孩子尊重和选择的权利。甚至，有时候在孩子面前，我们做父母的也要学会示弱。有时候在孩子面前显示一下我们的脆弱和无能，或者说是不完美，其实是在给孩子成长的机会，能激发出孩子的信心、勇气和潜能，让孩子变得更独立、更有担当。比如，'爸爸今天有点不舒服，需要卧床休息一下，没办法给你做饭了'，我们得到的回应，很有可能是孩子主动给我们端茶倒水，嘘寒问暖，主动去承担做饭的工作。所以，示弱并不是一种软弱，而是一种为人父母的智慧！"

"老师，谢谢您！平时都是我教导别人，今天，受教了！"琪琪爸爸把我送到门口。

开车离开时，我从反光镜里看着琪琪家金碧辉煌的别墅渐渐模糊，心里默默地祝福着：愿这座"宫殿"里住着一位快乐的公主！愿你与这世界温暖相拥！

技巧点拨

一位教育家说，成功的教育是"虎父无犬子"，失败的教育是"父强子弱"，父母的强势会摧毁一个孩子的未来！

琪琪爸爸的强势，让他伟岸的形象变得冷漠和可畏。琪琪在爸爸的强势下变得内向、懦弱、没有自信、没有安全感。爷爷的离世，彻底让琪琪失去了最后的庇护。

"山羊过独木桥"的游戏，更直观更清晰地呈现出了琪琪爸爸的强势造成的后果。在熟悉的游戏中，琪琪爸爸更能洞悉不一样的过桥方式中隐含的微妙的人与人之间的关系。然后，乘胜追击，因势利导，逐一给琪琪爸爸分析琪琪的表现背后的实质，并给出了父母与孩子相处的正确方式：放下强势，与孩子平等相待，尊重、倾听、理解孩子的选择，甚至学会适时示弱，激发孩子的信心、勇气，培养孩子的独立和担当的品质。

放下身段，适时示弱，是教养的智慧。愿天下父母都能成为孩子成长的助推器，而不是绊脚石。

图书在版编目（CIP）数据

班主任家校沟通的艺术/吴春来，李苏芳主编.
—上海：华东师范大学出版社，2024
ISBN 978-7-5760-4826-1

Ⅰ.①班… Ⅱ.①吴… ②李… Ⅲ.①学校教育—合作—家庭教育 Ⅳ.G459

中国国家版本馆 CIP 数据核字（2024）第 062201 号

大夏书系·全国中小学班主任培训用书

班主任家校沟通的艺术

主　　编	吴春来　李苏芳
责任编辑	卢风保
责任校对	杨　坤
封面设计	芯　米
出版发行	华东师范大学出版社
社　　址	上海市中山北路 3663 号　邮编 200062
网　　址	www.ecnupress.com.cn
电　　话	021-60821666　行政传真 021-62572105
客服电话	021-62865537
邮购电话	021-62869887
地　　址	上海市中山北路 3663 号华东师范大学校内先锋路口
网　　店	http://hdsdcbs.tmall.com/
印 刷 者	北京季蜂印刷有限公司
开　　本	700×1000　16 开
印　　张	14.5
字　　数	222 千字
版　　次	2024 年 5 月第一版
印　　次	2025 年 2 月第四次
印　　数	9 101 - 11 100
书　　号	ISBN 978-7-5760-4826-1
定　　价	62.00 元
出 版 人	王　焰

（如发现本版图书有印订质量问题，请寄回本社市场部调换或电话 021-62865537 联系）